Yale University Press
Little Histories

若い読者のための
哲学史

ナイジェル・ウォーバートン
Nigel Warburton
月沢 李歌子＝訳

すばる舎

装幀／遠藤陽一（デザインワークショップジン）

若い読者のための哲学史＊もくじ

その章でとりあげるおもな登場人物

◉補足説明のカッコの使い分けについて

原著者による補足説明は、すべて丸カッコ（　）を用いました。訳者および編集部による補足説明は亀甲カッコ〔　〕を用い、カッコ内に多くの場合2行で表示、いわゆる「割り注」扱いにして区別しています。

（編集部）

Chapter 1 質問し続けた男

およそ２４００年前、質問をしすぎたせいで死刑に処せられた男が**アテナイ**（アテネ）にいた。**ソクラテス**である。哲学者はそれ以前にも大勢いたが、哲学が学問とされるようになったのはソクラテスが登場してからだ。もし哲学に守護聖人がいるとすれば、それはソクラテスだろう。

ソクラテスは獅子鼻の、ずんぐりした、みすぼらしい身なりの変わり者で、人づきあいもうまくなかった。不細工で、しばしば不潔でさえあったが、頭脳は明晰であり、人を引きつける強い個性をもっていた。アテナイの人々は、ソクラテスのような人物はこれまでもいなかったし、今後も二度と現れないだろうと考えていた。ソクラテスは類まれな人物だった。しかし、面倒くさい人でもあった。自分自身を、人を刺して悩ますアブにたとえた。アブは人をひどく傷つけはしないが、いらいらさせる。もっとも、アテナイの人すべてがそう思ったわけではない。ある人たちはソクラテスを好み、ある人たちは危険な影響を与える人物とみなした。

ソクラテスは若い頃、スパルタやその同盟国を敵とするペロポネソス戦争で、勇敢な兵士として戦ったことがある。中年になると、足をひきずりながら市場《いちば》を訪れては、ときおり人々を呼び止め、答えるのが難しい質問をした。それが多かれ少なかれソクラテスがしたことだが、質問は剃刀《かみそり》のように鋭かった。単純なもののように思えて、実はそうではなかった。

たとえばエウテュデモスとの対話がある。ソクラテスは、人を欺くことは道義に反するか、とエウテュデモスに尋ねた。エウテュデモスは、もちろん、と答えた。疑う余地のないことである。だが、ソクラテスはふたたび尋ねた。もし、きみの友人がとても落ち込んでいて自殺するかもしれないときに、きみがその友人のナイフを盗んだとしたら？　それは人を欺くことではないのか？　もちろんそうだ。だが、それは道義に反するのではなく、むしろ道義にかなっているのではないだろうか。人を欺いたとしても、良いことであり、悪いことではない。それはそうだ、とエウテュデモスは困惑して言った。ソクラテスは賢明な反証を用いて、人を欺くことが道義に反するというエウテュデモスの常識的な考えがどんなときにも当てはまるわけではないことを示した。エウテュデモスは初めてそれに気づいたのだ。

市場で出会う人たちに、あなたがたは知っていると思い込んでいるだけだということを知らないのだ、とソクラテスは繰り返し示した。たとえば、ある軍の指揮官が「勇気」の意味を知っていると自信たっぷりに話しはじめたとする。だが、ソクラテスと20分も一緒にいれば、大いに混乱してその場を去ることになる。指揮官は当惑したにちがいない。ソクラテスは、人が真に理解できることの限界を明らかにすることや、生きる基盤となる仮説を問い直すことを好んだ。いかに知らなかったかを相手が認めて会話が終わればそれでよし。理解していないのに理解していると信じ続けるよりはるかにいい。

当時、アテナイでは裕福な家の息子たちは学者のところへ送り出された。学者は生徒に**弁論術**を教える有能な教師だった。授業料は高かった。一方、ソクラテスは授業料を要求しなかった。それどころか、何も知らない自分がどうして教えることができるだろうか、と言った。それでも、生徒はソクラテスのもとに集まり、彼の話を聞こうとした。そのため、ソクラテスは他の学者たちに好かれなかった。

ある日、ソクラテスの友人のカイレフォンがデルフォイにあるアポロン神殿を訪れた。そこでは老女の巫女《みこ》が神託を受けて、来訪者の質問に答える。答えは謎かけであることが多かった。「ソクラテスより知恵のある者はいるか？」とカイレフォンは尋ねた。「いない」と巫女が答えた。「ソクラテスより賢い者はいない」。

ソクラテスは、カイレフォンにこのことを告げられても、初めは信じなかった。ただ当惑した。「こんなに何も知らない自分がアテナイで一番の賢人のはずはない」そして、何年も、自分より賢い者がいるかどうかを人々に熱心に問い続けた。やがて、神託の意味がわかった。巫女は正しかった。多くの者はそれぞれがやっていることに長《た》けている。大工は大工仕事が上手だし、兵士は戦いについてよく知っている。だが、彼らは真に賢いわけではない。自分たちが何を言っているかを実際にはわかっていないのだ。

「**哲学者**」という言葉は「**知恵を愛する人**」という意味のギリシャ語に由来する。本書で紹介する哲学における西洋の伝統は古代ギリシャから始まり、世界に広く伝えられ、東洋の思想からも影響を受けた。哲学で重んじられるのは議論や論証や問いによって得られる知恵であり、重要人物が正しいと言ったからというだけで単純にそれを信じることではない。ソクラテスにとって、知恵とは多くの事実を知ることではないし、作業の方法や手順を知ることでもない。わたしたちの知の限界も含めて、わたしたちの**存在の本質**を理解することだ。こんにちの哲学者がやっているのは、おおむねソクラテスがやったこと、つまり、難しい質問をし、理由や根拠について考え、実在の本質について、また、いかに生きるべきかについて自分自身に問いかけ、そうした重要な問いに答えを出そうとすることである。とはいえ、現代の哲学者は、ソクラテスとは異なり、およそ2500年にわたる過去の哲学者たちの知恵の恩恵にあずかることができる。本書では、ソクラテスが始めた西洋哲学の伝統にのっとって、主要な思想家がどのようなことを述べてきたかを見ていこう。

ソクラテスを賢人たらしめたのは、問いを続け、つねに自分の考えについて議論を交わしたことである。自分が何をしているかを考えることにこそ生きる価値がある、とソクラテスは述べている。家畜であれば存在について考えなくてもいいが、人間はそうではないのだ。

ソクラテスは、哲学者にしては珍しく、どんなことも書き留めるのを嫌った。話すほうが書くよりもはるかにいいと考えた。書いた言葉は問いに答えることができない。読んだ者が理解できないときに、何も説明ができない。面と向かって話すほうがずっといい、とソクラテスは主張した。会話では誰を相手に話しているかを考慮して、言いたいことを伝えるための工夫ができる。ソクラテスが書くことを拒んだために、この偉大な哲学者が何を信じ、議論したかは、愛弟子**プラトン**の書を通じてしかわからない。プラトンはソクラテスと彼が質問した人々との一連の会話を書き留めた。それらは『**プラトンの対話篇**』として知られている。哲学書としてだけでなく、文学としても偉大な作品だ。ある意味で、プラトンはその時代のシェイクスピアだった。ソクラテスが交わした会話を読めば、彼がどのような人であり、どれほど賢く、また、どれほど激しい怒りを抱いていたかを感じとることができる。

複雑なのは、プラトンがソクラテスの言葉を正しく書き留めたのか、あるいはプラトン自身の考えを「ソクラテス」という名の登場人物に語らせたのかどうかがわからないことだ。

ソクラテスのではなくプラトンの考えだと多くの人が信じているもののひとつは、世界は目に見えるものとは異なるということだ。現象と実体の間には大きな違いがある。わたしたちの多くは現象を実体だと勘違いしている。わかっているつもりでいても、実はわかっていないのだ。世界が本当はどんなものかを理解しているのは哲学者だけだとプラトンは信じていた。哲学者は感覚ではなく、思考によって実在の本質を知るからだ。

プラトンは、それを立証するために**洞窟の比喩**を用いた。架空の洞窟で、人々が壁に向かい、鎖に繋《つな》がれている。彼らは目の前でゆらめく影を実体だと信じている。しかし、そうではない。彼らが見ているのは背後の火の前に置かれた物体が投じる影だ。彼らは壁に映った影を本物の世界だと思って、これまでの人生を過ごしてきたのである。やがて、ひとりが鎖から逃れ、火のほうを向く。初めは視界がぼんやりとしているが、そのうちに自分がどこにいるかがわかりはじめる。よろめきながら洞窟から出て、ようやく太陽を見る。その後、洞窟に戻り、外の世界について話すが、誰にも信じてもらえない。自由になった男は哲学者と同じように、現象を越えたものを見たのである。普通の人々は実体についてほとんど何も知らない。なぜなら、深く考えることなく、目の前のものを見て満足しているからだ。しかし、現象は人の目を欺く。目に見えるものは影であって実体ではない。

この洞窟の話は、後に「**プラトンのイデア論**」として知られるようになるものと関係がある。例をあげるとわかりやすいだろう。これまでに見た円について考えてみよう。そのなかに完璧な円があっただろうか。いや、完璧な円などなかった。完璧な円ならば、円周上のすべての点が中心から等距離にある。現実に存在する円は決してそうではない。だが、わたしが「完璧な円」と言えば、何を意味しているかはあなたもわかる。それでは「完璧な円」とは何だろうか。プラトンなら、「完璧な円」とは円の**イデア**（概念）だと言うだろう。円とは何かを理解したいなら、円のイデアについて考えなければならない。実際に描いた円や、目で見た体験は、すべてどこか不完全なものだからだ。同様に、善とは何かを理解したいなら、個々の例ではなく、善のイデアに意識を集中するべきとプラトンは考えた。哲学者は、このように抽象的な方法でイデアについて考えるのに適している。普通の人々は、感覚に頼って世界を把握するので、道を間違えやすい。

哲学者は実体について思考することに長けているので、政治力をもち、政治に責任を負うべきだ、とプラトンは信じた。『**国家**』という有名な著書では、想像上の完璧な社会について述べている。哲学者は社会の頂点に位置し、特別の教育を受ける。その一方で、みずからの楽しみを犠牲にして、市民を治める。哲学者の下には国を守るように訓練された兵士、その兵士たちの下に労働者がいて、3つのグループは完全に均衡を保っている。それは理性が感情と欲望を抑制する、均衡のとれた精神に似ている、とプラトンは考えた。

残念ながら、プラトンの社会モデルは反民主的で、嘘と権力が人々を支配することになるだろう。芸術の大半は、実体の虚偽表現として禁止される。画家が描くのは現象であり、現象はイデアを正しく表さない。プラトンの理想的国家では、すべての面で上から厳しくコントロールされる。それは、こんにち全体主義国家と呼ばれるものである。大衆に投票権を与えるのは、乗客に船の舵取りをまかせるようなものだとプラトンは考えた。どうするかを知っている人にまかせるほうがずっといい、と。

5世紀のアテナイは、プラトンが『国家』において描いたのとはまったく異なる社会だった。投票権をもつのは人口のほぼ1割だけだが、ある種の民主主義社会だ。女性と奴隷には投票権が与えられなかったものの、市民は法のもとに平等で、誰もが政治的決定に対して公平な影響力をもてるようにつくられた抽選システムがあった。

アテナイの人々は、総じて、プラトンほどソクラテスを高く評価しなかった。それどころではない。ソクラテスは危険で、政府を故意に弱体化させていると多くの人に思われていた。紀元前399年、ソクラテスが70歳のとき、弟子のひとりメレトスがソクラテスを裁判にかけた。メレトスは、ソクラテスがアテナイの神々を否定し、新奇な神を信奉していると主張した。また、若者に悪い行いを教え、権威に背を向けるようそそのかしているとほのめかした。どちらも重大な告発である。こんにちでは、それが本当であったかどうかはわからない。おそらく、ソクラテスは国の宗教を信じないよう弟子たちに言ったのだろう。また、アテナイの民主主義をからかって楽しんだ証拠はある。ソクラテスの性格ならやりかねないと思われたのかもしれない。確かなのは、アテナイの人の多くが告発を信じたことだ。

　ソクラテスが有罪か否かについて投票が行われ、市民501人からなる陪審員団のメンバーの半数以上がソクラテスを有罪とし、死刑を宣告した。ソクラテスが望めば、死刑から逃れることはできたかもしれない。だが、ソクラテスは、自分は何も悪いことはしていない、アテナイの人々は自分を罰するのではなく、むしろ、一生、自分に無料で食事を提供して礼を示すべきだと主張し、まるで「アブ」のように、アテナイの人々を辟易《へきえき》させた。ソクラテスのこの考えは受け入れられなかった。

　刑は、身体が徐々に麻痺《まひ》するドクニンジンの毒を飲むことだった。ソクラテスは妻と3人の息子に別れを告げ、それから弟子をまわりに集めた。たとえ難解な問いを発するのをやめ、静かに暮らす選択肢があったとしても、ソクラテスはそれを拒んだだろう。静かな暮らしよりも、死を選んだのだ。すべてに疑問を抱くよう告げる内なる声に背くことはできない。そこで、毒杯をあおぎ、まもなく死んだ。

しかし、『プラトンの対話篇』のなかで、ソクラテスはいまも生きている。質問を続け、物事の本質とは何かを考えるのをやめるよりも死を選んだこの気難しい男は、その後もずっと哲学者たちに刺激を与え続けている。

ソクラテスは周囲の人々に直接的な影響を与えた。弟子であるプラトンは、ソクラテスの死後、師の精神を守って教え続けた。プラトンのもっともすぐれた弟子がアリストテレスだ。アリストテレスは、ソクラテスとも、プラトンとも異なる思想家だった。

Chapter
2

真の幸福

「ツバメ1羽で夏にはならぬ」――シェイクスピアの戯曲かほかの偉大な詩人の詩の一節だと思うかもしれない。そう思っても不思議はない。だが、これは**アリストテレス**の著書『**ニコマコス倫理学**』からの引用だ。アリストテレスが息子のニコマコスに捧げたのでそう呼ばれている。アリストテレスが伝えようとしているのは、1羽のツバメの飛来や、暑い日が1日あっただけでは夏が来たのを証明できないように、嬉しいことをいくつか積み重ねても**真の幸福**は得られないということだ。アリストテレスは、幸福を短期間の喜びとは考えなかった。奇妙にも、子供は幸福になれないという。馬鹿げていると思うかもしれない。子供こそが幸福なのではないだろうか、と。だが、これはアリストテレスがわたしたちとは異なる幸福観をもっていたことを示している。子供はまだ人生を始めたばかりだから、決して満たされた日々を送って

いるわけではない。真の幸福を得るには早すぎる、と言っているのだ。

アリストテレスはプラトンの弟子で、プラトンはソクラテスの弟子だった。つまり、ソクラテス―プラトン―アリストテレスと、3人の思想家は繋がっている。これはよくあることだ。天才はどこからともなく現れるのではなく、たいがい刺激を与えてくれた師をもつ。とはいえ、この3人は、異なる考え方をした。師から教えられたことをただ繰り返したわけではなく、それぞれが独自の手法をもっていた。ソクラテスは偉大な語り手、プラトンは並はずれた書き手、アリストテレスは好奇心の塊《かたまり》だった。ソクラテスとプラトンは、わたしたちが見ている世界は、抽象的な哲学思考によってのみ到達できる真の実在の薄い影だと考えた。一方、アリストテレスは周囲のどんなことについても、こと細かに知りたがった。

残念ながら、アリストテレスの書で残っているのは、講義メモのようなものだ。だが、無味乾燥な記録であっても、アリストテレスの考え方は西洋哲学になお大きな影響を与えている。アリストテレスは単なる哲学者ではなかった。動物、天文、歴史、政治、演劇にも魅せられていた。

アリストテレスは、紀元前384年にマケドニアに生まれた。プラトンのもとで学び、旅をし、アレキサンダー大王の家庭教師となった後に、**リュケイオン**と呼ばれる学校を開いた。古代世界ではもっとも有名な学問所のひとつで、現代の大学にいくらか似ている。政治から生物まで、あらゆる知識を身につけた者がここから送り出された。アリストテレスは重要な図書館もつくった。ルネサンス期の画家ラファエロによる絵画「アテナイの学堂」では、プラトンは指を天に向けてイデアの世界を示し、アリストテレスは目の前の世界へと手を伸ばしている。

プラトンは、肘掛椅子に座って思索にふけることに満足していたかもしれない。だが、アリストテレスは五感を通じて経験する実在を探究したかった。師プラトンのイデア論を拒み、カテゴリーを理解するには、その例を調べなければならないと信じた。つまり、猫とは何かを理解するには、猫のイデアについて抽象的に考えるのではなく、本物の猫を見る必要があると考えたのだ。

アリストテレスは「**いかに生きるべきか**」を問い続けた。ソクラテスとプラトンも同じ問いをしている。そもそも、この問いに答える必要があるからこそ、わたしたちは哲学に魅了されると言ってもいい。アリストテレスの答えは、簡単に言えば「**幸福を求めること**」である。

「幸福を求める」とはどういうことだろうか。こんにち、そう問われれば、楽しく過ごすことを思い浮かべる人が多いかもしれない。おそらく異国での休暇や、音楽祭やパーティに行くことや、友人と過ごす時間などだろう。ベッドやソファでくつろぎながらお気に入りの本を読んだり、美術館へ行ったりすることかもしれない。しかし、アリストテレスは、それは人生の楽しみの一部ではあるが、最善の生き方とはそのような楽しみを求めることではないと信じた。楽しいだけでは良い人生とは言えないと考え、「**エウダイモニア**」というギリシャ語を用いている。エウダイモニアは、「幸福」よりも「繁栄」や「成功」などと翻訳される言葉だ。マンゴー味のアイスクリームを食べたり、ひいきのスポーツチームが勝つのを見たりといったような喜びを越えたもの、一瞬の嬉しさや感情ではなく、もっと客観的なものである。これは理解が難しい。わたしたちは、幸福とは感じるものだという考え方に慣れてしまっているからだ。

　花について考えてみよう。水を与え、十分な光に当てて肥料を少しやれば、植物は育ち、花を咲かせる。世話をせずに日陰に置いたまま、葉が虫に食われるのにまかせて水をやらなければ、枯れるか、少なくとも美しくはなくなる。人間も植物のように成長するが、植物とは異なり、選択ができる。何をしたいか、どうありたいかを自分で決めることができるのだ。

　アリストテレスは、人間には果たすべき「機能」があり、もっともふさわしい生き方があると考えた。人間が動物などと異なるのは、何をすべきかを考え、議論できることだ。よって、人間にとってもっとも良いのは理性の力を使って生きることだ、と結論づけた。

　未知のことや、死後のことさえ、エウダイモニアの助けになるとアリストテレスは信じた。これはいったいどういうことだろうか。来世がないとすれば、死後に起こることがわたしたちの幸福にどう関係するのだろうか。たとえば、あなたに子供がいて、その子の将来への希望があなたの幸福の一部であると想像してみよう。その子が、あなたの死後に重い病気をわずらえば、あなたのエウダイモニアも影響を受ける。あなたはもはやこの世にはおらず、子供の病を知ることがないとしてもあなたの人生は悪くなる、というのがアリストテレスの見方だ。このことから、幸福とはどう感じるかだけの問題ではないというアリストテレスの考え方がわかる。つまり、幸福とは、人生で何を成し遂げたかであり、大切な人の身に起こることにも影響されるのだ。わたしたちがコントロールできないこと、知りうるはずがないことにも左右される。いくぶん運にかかっているとも言えるだろう。

中心となる問いは「エウダイモニアに到達する可能性を高めるには何をすればよいか」だ。アリストテレスの答えは「**徳性を養う**」ことだった。わたしたちは正しいときに正しい感情を抱く必要があり、そうすることで正しい行いができる。これはどのように育てられたかも多少は関係がある。良い習慣を育てるには、子供の頃から実践するのが一番だ。となれば、ここでも運が大事になる。良い習慣は美徳、悪い習慣は悪徳である。

戦時における**勇気**の**美徳**について考えてみよう。ある兵士が、市民を敵の攻撃から守るために自分の命を危険にさらさなければならないとする。無謀な兵士は、自分自身の安全など気にかけない。おそらく必要がないときでも、危険な状況に飛び込んでいく。だが、これは真の勇気ではなく、無謀な行為だ。一方、臆病な兵士は恐怖のせいで適切な行動ができず、もっとも必要とされるときでさえ身体が動かないかもしれない。しかし、勇気ある兵士は、恐怖を感じてもそれを克服して行動する。アリストテレスは、美徳とはこのように両極端のあいだにあると考えた。この例では、勇気は無謀と臆病の中間にある。これは、ときにアリストテレスの「**中庸**」論と呼ばれる。

アリストテレスの倫理に対する考え方は、歴史的な関心以上に興味深いものである。現代の哲学者の多くは、徳を高めることの重要性に同意し、幸福に関するアリストテレスの見解は的確で、刺激的だと考えている。わたしたちは人生の楽しみを増やすのではなく、より良い人間になり、正しいことをすべきだ、と。それが良い人生を送ることになるのだ。

　アリストテレスは個人の成長にのみ関心をもっていたかのように見えるが、そうではない。人間は政治的な動物だとも述べている。他者と暮らすことができなければならないし、より邪悪な部分に対処するための法制度を必要とする。エウダイモニアは、社会のなかで生きることによって達成される。秩序ある政治的国家のなかで、周囲の人々と交流しながら一緒に暮らし、幸福を見つけることが必要だ。

　しかし、アリストテレスのすばらしさには副作用がある。アリストテレスは賢く、研究を緻密に行ったため、彼の著書を読んだ人の多くは、彼が言うことがすべて正しいと信じた。これは進歩のために良くないし、ソクラテスが始めた哲学の伝統においても良くなかった。アリストテレスの死から何百年ものあいだ、学者のほとんどは、アリストテレスの世界観を疑うことなく受け入れた。アリストテレスが言ったということさえ明らかにすれば、それで十分だったのだ。このことはしばしば「**権威による真実**」と呼ばれる。「権威」ある重要な人が言っているのだから正しいにちがいないと信じることだ。

　高いところから同じ大きさの木片と金属片を落としたらどうなるだろうか。どちらが速く地面に落ちるだろうか。金属片のほうが重いのだからそちらのほうが速い、とアリストテレスは考えた。だがこれは違う。どちらも同じ速さで落下する。しかし、アリストテレスが断定したため、中世の時代はずっとそれが真実だと誰もが信じていた。それ以上の証拠は必要なかった。16世紀になって**ガリレオ・ガリレイ**が、ピサの斜塔から木の球と砲弾を落として試してみた。どちらも同時に地面に着いた。アリストテレスは間違っていた。

だが、それはもっと早く簡単に示すことができたはずなのだ。

権威に頼ることはアリストテレスの研究精神に反するし、哲学の精神にも反する。権威は何の証明にもならない。アリストテレスは、調査、研究、徹底した論証を手法とした。哲学は、議論、間違いをおかすこと、従来の見解を疑うこと、別の可能性を探ることによって発展する。幸運にも、ほぼすべての時代に、他の人々が疑いもしないことに対して批判的に考える哲学者がいた。そうした哲学者のひとりが懐疑論者のピュロンである。

Chapter 3

わたしたちは何も知らない

人は何も知らない。知らないことさえわかっていない。だから、真実と思い込んでいることに頼るべきではない。それは間違いなのかもしれないのだから。すべてに疑問をもち、すべてを疑うべきだ。もっとも良いのは先入観を抱かないこと。思い込みがなければ、失望することもない。これは古代ギリシャとそれに続くローマ時代の数百年のあいだに人気のあった**懐疑論**のおもな教えだ。プラトンやアリストテレスとは異なり、極端な懐疑論者はどんなことにもはっきりとした意見をもつことを避けた。もっとも有名なのは古代ギリシャの**ピュロン**（およそ紀元前365～270）である。ピュロンほどの極端な懐疑論者はあとにも先にもいないだろう。実に奇妙な人生を送った人物である。

あなたは自分が何でもわかっていると思うかもしれない。たとえば、いま、これを読んでいることはわかっている。しかし、懐疑論者はあえてそれを疑う。なぜこれを読んでいると信じるのか。読んでいると想像しているだけではないのか。自分は本当に正しいのか。自分はこれを読んでいると感じられる——あなたはそう思っているだろう。だが、それは幻覚あるいは夢かもしれないのだ（この考えはおよそ1800年後にルネ・デカルトが発展させた。11章参照）。ソクラテスが、自分にわかっているのは自分がほとんどわかっていないことだけだと主張したのも、懐疑主義的考え方だ。しかし、ピュロンの主張はさらに強い。少し度を越していたかもしれないほどである。

文献を信じるなら（そうした文献にも懐疑的になるべきかもしれないが）、ピュロンはすべてを当然だと受けとめないことで身を立てた。ソクラテス同様、著書がない。よって、ピュロンについての記述は他者が残したものだけである。それも、彼の死後数世紀たって書かれたものだ。そのひとつであるディオゲネス・ラエルティオスの記録によれば、ピュロンは名士となり、エリス〔古代ギリシャのペロポネソス半島西部地方。現在のギリシャ国イリア県にあたる。古代オリンピックの第1回開催地でもある〕の神官長の地位に就いた。ピュロンのおかげで哲学者は税金を払う必要がなかったらしい。それが事実かどうか調べてみたいとは思うが、方法はない。

だが、わたしたちが知るかぎりでは、ピュロンは常軌を逸した方法で懐疑主義を実践した。守ってくれる友人がいなかったら、長くは生きられなかっただろう。極端に懐疑的な人が長生きをするには、幸運や、より懐疑的でない人たちの支えが必要になる。

ピュロンは、感覚というものを全面的に信じてはいけないと考えた。感覚によって誤った方向へ導かれることもある。たとえば、暗いところでは勘違いがよく起こる。キツネのように見えたが本当はネコだったとか、風が木々を揺すっただけなのに、誰かに呼ばれたような気がしたということがあるだろう。ピュロンは、わたしたちをしばしば惑わせる感覚を決して信じなかった。感覚から的確な情報を得られる可能性は否定しなかったものの、先入観は抱かないようにした。

切り立つ崖の端に立てば、たいがいの人はそれ以上、進むのは愚かなことだと考える。だが、ピュロンはそうではなかった。感覚は自分を欺くかもしれない。だから、感覚は信じなかった。つま先が崖の縁を越えたように感じても、身体がつんのめるような感じがしても、崖の下の岩に落ちるだろうとは思わない。岩に落ちることが危険であるかどうかもわからない。それは誰にもわからないのだ。おそらく、ピュロンの友人全員が懐疑論者ではなかったのだろう。友人たちはピュロンを事故から守った。友人たちに止められなければ、ピュロンはしょっちゅう問題に巻き込まれていたはずだ。

噛みつかないことがわかっているなら、猛犬も怖れる必要はない。吠えて、歯をむきだしながらこちらに向かってきても、噛まれるとはかぎらない。たとえ噛まれたとしても、痛くないかもしれない。通りを横断するときに、なぜ近づいてくる車を気にする必要があるのだろうか。車はぶつからないかもしれない。それは誰にもわからない。さらに言えば、死んだとしても、死ななかったとしても、どんな違いがあるのだろう。ピュロンは、自然の感情と決まった行動の型に屈することなく、このような無関心の哲学を実践した。

いずれにしてもこれは伝説だ。なかには、ピュロンの哲学をからかうためのものもあるだろう。だが、すべてがつくり話というわけでもなさそうだ。たとえば、ピュロンは、誰も経験したことがないような激しい嵐のなかを航海したときも、ずっと冷静でいたことが知られている。風が帆をびりびりに裂き、船が大きな波をかぶり、周りの誰もが怖がったが、ピュロンは少しも動じなかった。現象はしばしば人を欺くから、危害があるかどうかはわからない。経験を積んだ船乗りの多くが恐怖に陥っても、ピュロンは落ち着いていた。こうした状況にあっても、無関心でいられることを示したのだ。この話は事実なのではないだろうか。

ピュロンは若いときにインドを訪れた。彼の風変わりな生き方はその影響によるのかもしれない。インドは、宗教上の師や導師《グル》が信じがたいような苦行をする伝統がある。心の平穏を得るために、生きたまま土に埋められたり、身体の敏感な部分に重りをぶら下げたり、何週間も断食したりするのだ。ピュロンの哲学への姿勢はこうした神秘主義に近い。どんな手法を用いたにせよ、ピュロンは自分の教えを実践した。つねに平静を保ち、周囲の人々に深い感銘を与えた。いかなるときも動じずにいられるのは、すべてが考え方の問題だからだ。真実がわからないのなら、心配する必要はない。さらには、先入観を避ければいい。先入観はつねに妄想を含むからだ。

もしピュロンに会えたとしても、わたしたちは彼を頭がおかしな人にしか思えないかもしれない。ある意味、そうなのだろう。だが、ピュロンの言動は一貫している。彼は、わたしたちのさまざまな先入観が理屈に合わないばかりか、わたしたちの心を乱していると言うだろう。わたしたちは既成の概念にとらわれすぎている。まるで砂上の楼閣を築いているようなものだ、と。わたしたちの思考を支えるものはわたしたちが信じるほど確かなものではないし、わたしたちを幸福にしてくれるものでもないのだ。
ピュロンは彼の哲学を、幸福になりたい人が抱くべき3つの問いにまとめている。

事物が実際にどのようなものか？
わたしたちはそれに対してどんな態度を示すべきか？
そうした態度を示せばどうなるか？

ピュロンの答えは明確だ。第1に、わたしたちは、世界が本当はどのようなものであるかを知ることができない。それはわたしたちの知力を超えたものだ。誰も実在の本質を知ることはできない。人間がそれを知るのは不可能である。だから、そのことについては忘れるがいい。この見解は、プラトンのイデア論や、哲学者は抽象的な思考によって知識を得られるという考え方（1章）に反するものだ。第2に、その結果として、わたしたちはどんな見解にも固執すべきではない。どんなことでも確かにはわからないのだから、すべての判断を保留して、柔軟な生き方をすべきだ。欲望を抱くのは、あるものが別のものより良いと信じるせいである。ほしいものが手に入らないと思えば不幸になる。しかし、何がより良いのかを知ることは不可能なのだ。よって、幸福になるには、欲望を忘れ、結果を気にかけるのをやめるべきだ。これが正しい道である。重要なものなど何もない。そう認識すれば心を乱されることもなく、平穏を得られる。第3に、この教えに従えば次のような状態が訪れる。まず、すべてのことに対して何が言えるかがわからないので、寡黙になる。最終的には、すべての不安から解放される。これは、誰もが望む最良のことである。宗教的体験のようなものだろう。

これがピュロンの理論だ。しかし、こうした理論は、ピュロンには役立ったとしても、多くの人に同じ結果をもたらすとはかぎらない。ほとんどの人は、ピュロンが勧めるような無関心に到達できないだろう。それに、最悪の誤りから救ってくれる友人をもつ幸運に恵まれるとはかぎらない。それどころか、ピュロンの助言に従う人は、崖から落ちたり、走ってくる車の前に飛び出したり、猛犬に襲われたりしてピュロンの懐疑論を守ることができなくなり、この学派全体が消滅する。

ピュロンの考え方の基本的弱点は、「わたしたちは何も知ることができない」ということから「危険に対する直感や感情を無視すべきだ」と結論づけたことだ。本能は、起りうる多くの危険からわたしたちを守ってくれる。完全に頼ることはできないかもしれないが、無視すべきではない。ピュロンだって、犬が実際に飛びかかってきたら逃げたはずだ。無意識の反応はどうしても抑えきれないものである。よって、ピュロンの懐疑主義を実践するのは道理に反するのだ。この方法によって、ピュロンが言うような心の平安を得られるかどうかも定かではない。ピュロンの懐疑論に懐疑的になってもおかしくないのだ。ピュロンのような危険をおかして、心が本当に穏やかになるのかを疑いたくなるのも不思議はない。ピュロンには役立ったとしても、わたしたちのためになるという保証はあるのだろうか。猛犬に嚙まれる確率は100パーセントではないかもしれないが、99パーセントであれば、危険を避けようとするのは道理にかなっている。

哲学の歴史に登場する他の懐疑論者は、ピュロンほど過激ではない。穏健な懐疑論者は、あらゆるものをつねに疑うのではなく、仮定に疑問を呈し、わたしたちが信じるものの根拠を詳しく調べる。この種の懐疑的な問いは哲学の真髄である。そういった意味では、偉大な哲学者はすべて懐疑論者だ。**独断論**《ドグマティズム》と対照的である。独断論者は真実を知っているという自信をもっている。哲学者は定説《ドグマ》を疑う。人はなぜ自分が行うことを信じ、どのような根拠で結論を導きだしているのかを問う。ソクラテスやアリストテレスもそうしたし、こんにちの哲学者もそうしている。だが、わざと難しいことをしているわけではない。穏健な懐疑論の核心は、真実に近づくこと、または少なくとも、わたしたちがどれほど知らないか、あるいは知ることができないかを明らかにすることなのだ。崖から落ちる危険をおかす必要はない。それでも、簡単には答えがでない問いを投げかけたり、他者の意見を批判的に考えたりする心構えは必要だ。

ピュロンはすべての不安を忘れるべきだと説いたが、たいていの人はそれを成し遂げられない。わたしたちに共通した不安に、誰もが死ぬという事実がある。ギリシャの哲学者エピクロスは、いかに死の恐怖と折り合うかについて賢明な提案をした。

Chapter
4
エピクロスの園

　あなた自身の葬儀を想像してみよう。どのようなものになるだろうか。誰が来るだろうか。彼らは何と言っているだろうか。あなたは自分の視点から、想像しているにちがいない。空の上から、あるいは弔問客のあいだから、まるでまだその場にいるかのように葬儀を眺めているのだろう。こうしたことが本当に起こりうると考える人々がいる。彼らは、死後、肉体を脱した魂《たましい》となり、この世で起こっていることを目にできるとさえ信じている。しかし、死が終わりだと考える人にとっては、問題が生じる。自分がこの世にいないことを想像するには、自分がいなくなったあとに何が起こるかを見ているのを、この世にいるつもりで想像しなければならないからだ。

　自分自身の死を想像できるにしても、あるいはできないにしても、自分が存在しなくなるのを恐れるのは自然のことのように思える。死を恐れない者がいるだろうか。心配すべきことがあるとすれば、それは間違いなく死だろう。たとえずっと先のことだとしても、自分が存在しなくなることに恐怖を感じるのは理にかなっている。それは本能だ。生きているあいだに、そのことを深く考えない人はほとんどいない。

古代ギリシャの哲学者**エピクロス**（紀元前341〜270）は、死に対する恐怖は時間の無駄であり、誤った論理にもとづいていると主張した。死に対する恐怖は克服すべきであり、よく考えてみれば、死などまったく恐れる必要がない。一度、考えを整理すれば、この世での時間をもっと楽しむことができる。エピクロスにとって、それはとても重要なことだった。哲学とは、人生をより良くするもの、幸福を見つける助けになるものだ、とエピクロスは考えていた。死について考えるのがおぞましいという人もいるが、エピクロスにとっては人生をより濃密なものにするための方法だった。

エピクロスはエーゲ海に浮かぶギリシャのサモス島で生まれた。人生のほとんどを過ごしたアテナイで教祖のような存在となり、弟子たちと共同生活をした。女性や奴隷も一緒だった。古代アテナイでは珍しいことである。そのせいで、エピクロスは、彼を崇拝する人々以外にはあまり好かれなかった。エピクロスは庭園のある家を哲学の学園とした。それが「**エピクロスの園**」である。

古代の多くの哲学者（さらにピーター・シンガーのような現代の哲学者。40章参照）と同じように、エピクロスは、哲学を実践すべきものだと信じた。哲学は人生を変えるものでなければならないのだ。よって、エピクロスの園に集まった人々が、哲学を学ぶだけでなく、実践することが重要だった。

エピクロスは、わたしたちすべてが楽しみを求めていることを理解するのが人生のカギだと考えた。より重要なのは、わたしたちができるかぎり苦痛を避けようとしていることだ。それがわたしたちを動かしている。苦しみを取り除き、幸福感を高めれば、人生はもっと良くなる。よって、ライフスタイルを簡素にし、周囲の人々に親切して、友人に囲まれて暮らすのが最良の生き方だ。そうすれば、欲望の大部分を満足させられる。手に入らないものをほしがることもない。お金がないのに、邸宅を所有したいと思うのは良くない。手が届かないものを得るために、一生、働くなんてやめよう。シンプルに生きればいいではないか。ほしいものが小さければ簡単に手に入るし、大事なことを楽しむ時間や余裕もできる。これが幸福のためのエピクロスの処方箋であり、大いに説得力がある。

エピクロスの教えは、ある種のセラピーでもあった。目的は弟子たちの精神的苦痛を癒やすこと、過去の喜びを思い出すことで身体的苦痛に耐えられるのを示すことだ。喜びはそのときも楽しいものだが、あとで思い出すのも楽しいので、長く続く益があるとエピクロスは指摘した。死が近づき、不安になったときも、友人に手紙を書き、過去の会話の楽しさを思い出せば病から気を紛《まぎ》らわせることができる、と記している。

これは、こんにちの「**快楽主義者**《エピキュリアン》」という言葉が意味するものとはまったく異なる。正反対だとも言えるだろう。「快楽主義者」とはおいしい料理を食べ、贅沢で官能的な喜びに耽《ふけ》る人たちのことである。エピクロスは、それよりもずっと質素な暮らしを送り、ほどほどである必要を説いた。欲に負ければ、欲はさらに大きくなり、やがては欲が満たされないせいで精神的な苦痛を感じる。このように、さらに多くを求め続けるような生き方は避けるべきだ。エピクロスと弟子たちは異国風の食事よりもパンと水を好んだ。高価なワインを飲めば、もっと高価なワインを飲みたくなり、やがてとても手が届かないようなワインに憧《あこが》れるという罠にはまってしまう。だが、エピクロスの論敵は、「エピクロスの園」では、エピキュリアンたちが食べたり、飲んだり、セックスをしたりと、ほとんど1日中、乱痴気騒ぎをして過ごしていると主張した。こうして、エピキュリアンがこんにちのように快楽主義者という意味で使われるようになった。もし、エピクロスの園でそうしたことが行われたのだとすれば、弟子たちは師の教えにそむいたことになる。だが、これはおそらく悪意ある噂だったのだろう。

　エピクロスが多くの時間を費やしたのは著述である。パピルス〔パピルスという植物の茎の繊維でつくった紙。paper の語源〕の巻物にして300巻もの著作があったと言われているが、どれも現存しない。エピクロスについては、おもに弟子たちの記録からしかわからない。弟子たちはエピクロスの書を暗唱したが、師の教えを書き残してもいる。そうした巻物の一部が、ヴェスヴィオ山が噴火したときにポンペイ近郊のヘラクレネウムに降った火山灰に埋もれて残っていたのだ。さらに、ローマの哲学詩人ルクレティウスの長詩『物の本質について』からも、エピクロスの教えがわかる。この詩はエピクロスの死後200年以上たってからつくられたもので、エピクロスの学園の主要な教えを要約している。

　さて、エピクロスの問いに戻ろう。わたしたちはなぜ死を恐れるのだろうか。わたしたちが死を経験できないのが理由のひとつだ。死はわたしたちの身に起こることではない。死ねば、わたしたちは存在しなくなる。20世紀の哲学者ルートヴィヒ・ヴィトゲンシュタインも、著書『**論理哲学論考**』において、「死は人生における出来事ではない」と述べている。出来事とはわたしたちが経験することだが、わたしたちが死ねば経験する機会は消滅するので、死を感じることも、体験することもできなくなるということだ。

わたしたちが自分自身の死を想像するときは、たいがい、死んだ身体に起こることを感じられるように思うものだが、それは間違っているとエピクロスは述べている。わたしたちが何であるかを理解していないせいである。わたしたちは、肉と骨から成る身体につながれていて、**原子**《アトム》からできているというのがエピクロスの見方だ（もっとも現代の科学者とは多少異なる意味でこの言葉を使っている）。死んで原子がばらばらになれば、わたしたちは知覚をもつ個体として存在しなくなる。のちに誰かが注意深くすべての原子を集め、元通りにして、再生した肉体に生命を吹き込むことができたとしても、それはもはやわたしたち自身ではない。新しく生き返った身体は、もはや自分ではないのだ。新しい身体に起こる苦痛を感じることもないだろう。いったん機能を止めた身体を蘇《よみがえ》らせるのは不可能だ。同一性の鎖は断ち切られたのである。

エピクロスはまた、将来に対して感じることと過去に対して感じることが違うという事実を指摘して、弟子たちの死に対する恐怖を癒やそうとした。わたしたちは両方を同じように思い悩んでいるわけではないのである。生まれる前のことを考えてみてほしい。あなたは長いあいだ存在していなかった。母親の胎内で何週間かこの世に生まれでるのを待つずっと前、両親が子供をもとうと考えるようになるずっと前の、何兆年ものあいだ、あなたは存在していなかった。だが、わたしたちはこうした長い期間、この世に存在しなかったことについて不安を抱くことはない。いったい誰が気にするだろうか。そして、生まれる前にずっとこの世に存在しなかったことが不安でないなら、なぜ死後、この世から存在しなくなることを不安に思うのだろうか。わたしたちの考え方は非対称で、生まれる前のことよりも死んだあとのことを心配する。しかし、エピクロスは、それは間違いだと考えた。それが理解できれば、死後のことも、生まれる前のことと同じように思えるはずだ。そうなれば、不安などなくなるだろう。

死後に罰を受けるのを恐れている人もいるかもしれない。エピクロスは、その心配も無用だと言った。神々は創造したものにあまり興味がない、と弟子たちに自信をもって語っている。神々はわたしたちとは別の世界に存在し、俗世間に関わることはない。だから恐れる必要はない、と。こうした教えこそが癒やしである。効き目があれば、いずれ死ぬことをいまから不安に思わなくてすむ。エピクロスは墓碑銘に自分の哲学をまとめている。

「わたしは存在しなかった、わたしは存在した、わたしは存在しない、わたしは気にしない」

わたしたちが単に物質から成る肉体的存在で、死後、罰を受けることがないと信じれば、エピクロスが論じるように、死を恐れる必要はないと納得できる。それでも、死に至る過程は、苦しく、避けることはできないと不安に思うかもしれない。確かに、死について思い悩むのは非合理的だとしても、苦しい思いをすることもあるだろう。だが、エピクロスは、良い思い出が苦痛を和らげてくれると言った。よって、この問題にも答えがあるのだ。しかし、もしあなたが自分は肉体に宿った魂であり、肉体が死んでも生き続けると信じるなら、エピクロスの言葉は効かない。心臓が止まったあとも、自分が魂として存在し続けるのが想像できるからだ。

哲学を癒やしと捉えたのは、エピクロス主義者だけではない。ギリシャやローマの哲学者の大半がそうだった。とりわけ、**ストア派**の哲学者は、不幸に直面したとき、いかに強い心を保つかを教えたことで知られている。

Chapter 5

気にしないことを学ぶ

家を出ようとしているのに雨が降り出したら、運が悪い。だが、できることといえば、レインコートを着るとか、傘をさすとか、あるいは約束を取り消したりすることぐらいである。どんなに望んでも、雨を止めることはできない。このことに腹を立てるべきか。あるいはただ哲学的になるべきか。「哲学的になる」とは変えられないことをそのまま受け入れることだ。年をとるという避けられない変化や人生の短さについてはどうだろう。こういった人間の特性についてどう感じたらいいのか。これもまた哲学的になるべきだろうか。

自分の身に起こっていることに「哲学的」になるときは、「**ストイック**（禁欲的な）」という言葉が使われる。「ストイック」という言葉は、**ストア哲学**に由来する。この派の哲学者たちは、アテナイの彩色された柱廊《ストア》の前で集まったことから「**ストア派**」と呼ばれるようになった。初期のストア派のひとりは、キプロス島出身のキティオン［キプロス島南岸にあった小王国。現在のキプロス共和国ラナルカ付近］の**ゼノン**（紀元前３３４～２６２）だ。古代ギリシャの初期ストア派は、現実、論理、倫理などさまざまな哲学的問題に対して、見解を示した。もっとも有名なのが感情の抑制である。変えられることのみを心配せよ、というのがこの派の基本的な考え方だ。懐疑派同様、心の平穏を目指している。愛する者の死といった悲劇的な出来事に直面したときでさえ、ストア派は冷静である。何が起こるかはコントロールできないことが多いが、それにどう対応するかはコントロールできるからだ。

わたしたちは自分の感情や思考に対して責任があるというのが、ストア哲学の中心にある。幸運や不運にどう対応するかは、わたしたちの選択だ。感情とは天候のようなものだと考える人もいるが、ストア派の哲学者は状況や出来事に対する感情は選択可能だと考えた。感情は単にわき起こるのではない。ほしいものが手に入らないといって悲しむ必要はないし、だまされたときに腹を立てる必要もない。ストア哲学では、感情によって論理があいまいになり、判断が損なわれるとされた。感情は制御するだけでなく、可能なかぎり排除すべきである。

もっともよく知られた後期ストア派のひとりである**エピクテトス**（紀元後55～１３５）は、もとは奴隷だった。多くの苦難に耐え、痛みや飢餓について知っていた。ひどく殴られたせいで、片足が不自由だった。肉体は奴隷になったとしても精神は自由でいられるというエピクテトスの言葉は、みずからの経験から生まれたのである。これは単なる抽象論ではない。痛みや苦しみにどのように対処すべきかという実践的な助言だ。つまり「どう考えるかは自分次第」ということである。この哲学は、米戦闘機のパイロットだったジェームズ・B・ストックデールに影響を与えた。ストックデールは、ベトナム戦争中、北ベトナム上空で撃墜された。4年間、何度も拷問を受け、独房に監禁された。だが、大学で学んだエピクテトスの教えを思い出し、なんとか生き延びた。パラシュートで敵地へ落下しながら、どんなにひどい扱いを受けても、無関心でいようと決意したのだ。事態を変えることはできないにしても、それに影響されずにいよう、と。たいていの人には耐えられない苦痛や孤独を生き抜く力を、ストア哲学によって得たのである。

　この不屈の哲学は古代ギリシャに始まり、ローマ帝国時代に栄えた。ストア哲学の教えを広めるのに貢献した重要な著述家は、**マルクス・トゥッリウス・キケロ**（紀元前106～43）と**ルキウス・アンナエウス・セネカ**（紀元前1～紀元後65）である。2人は、人生は短く老いは避けられない、というテーマにとくに関心をもった。老化を自然な変化として受け入れ、変えられないことは変えようとしなかった。しかし、同時にこの世での短い時を最大限に生きるべきだと信じた。

　キケロは哲学者であるだけでなく、弁護士であり、政治家だったので多忙を極めたようである。著作『**老年について**』のなかで、年をとることに伴う4つのおもな問題点を明らかにしている。すなわち、働くのがつらくなる、身体が衰える、肉体的快楽がなくなる、死が近づくである。一方、老いは避けられないが、それにどう反応するかは選ぶことができると主張した。老年期の衰えが人生を耐えがたきものにするとはかぎらない。まず、年をとれば経験のおかげで労力をあまり必要としないことも多く、仕事を効率的に終えられる。また、身体や精神は、鍛えさえすれば劇的に衰えることもない。さらに、肉体的快楽をあまり得られなくなっても、友人や会話により多くの時間を費やせばいい。友人や会話は、満足感を与えてくれるものだ。最後に、魂は永遠に生き続けるので、死は恐れるべきものではない。年をとるという自然の変化を受け入れ、その変化を悲観しなくてもいいと理解する必要があるというのがキケロの考え方だった。

セネカも人生の短さについて同じようなことを記している。人生が長すぎると文句を言う人はあまりいない。短すぎると言う人がほとんどだ。やるべきことが多すぎて時間が足りないのである。古代ギリシャの**ヒポクラテス**〔古代ギリシャの医師。当時は病気を呪術や迷信と紐づけがちだったが、そこから医学を切り離し経験科学として確立させたことなどから「医学の父」と呼ばれる〕は「人生は短く芸術は長い」と述べている。わたしたちは死が近づけば、本当に成し遂げたかったことができるよう、あと数年、長く生きたいと望む。だが、たいがいは遅すぎて、成しえなかったことを思い、悲しくなる。自然はそういう意味で残酷だ。ようやく何がしたいかがわかったときに、わたしたちは死んでいくのだ。

一方、セネカの考え方は違う。セネカはキケロのように多才で、哲学者であると同時に、劇作家であり、政治家であり、成功した実業家でもあった。セネカにとって、問題は人生がいかに短いかではなく、わたしたちのほとんどが与えられた時間をうまく使っていないことだった。つまり、ここでも避けられないことについて、どう考えるかが重要になる。人生が短いと腹を立てるのではなく、短い人生を最大限に活用すべきなのだ。たとえ、1000年生きられたとしても、いまと同じように人生を無駄にする人もいるだろう。それでいて、人生は短すぎると不満を漏らすに決まっている。だが、正しい選択をすれば、すなわち、無駄なことをして浪費しなければ、人生は多くを成し遂げるのに十分なほど長い。それなのに、わたしたちは金銭を追い求めるのに多大な労力を費やしてほかのことをする時間がなかったり、自由になる時間は酒やセックスに溺れたりする。

年をとってから気がついても遅すぎる、とセネカは考えた。白髪や皺《しわ》は、多くの時間を価値あることに使った証明にはならない。一方、そうであるかのように勘違いして振る舞う人もいる。だが、航海に出ても、暴風によってこっちへあっちへと翻弄されれば、船旅に出たとは言えず、波にもまれているにすぎない。人生についても同じだ。コントロールを失い、意味と価値のある経験をする時間を見つけることなく、日々の出来事をやりすごしていくのは、真に生きることとは違うのだ。

十分に生きれば、年老いたときに過去を恐れる必要がない。時を無駄に過ごせば、自分がどのような人生を送ってきたかを振り返って考えたいとは思わないだろう。取り逃がしたチャンスに思いを馳せるのはあまりにつらい。多くの人たちがつまらない仕事に没頭するのはそのせいだ、とセネカは考えた。成し遂げられなかったことを認めるのを避けられるからだ。そこで、読者には、集団から距離を置くこと、忙しさにかまけて自分自身から目をそむけないことを勧めた。

それでは、セネカは、わたしたちがどのように時間を使うべきだと考えたのだろうか。ストア哲学では、世捨て人のように他者から離れて暮らすのが理想とされた。もっとも有意義に生きるには、哲学を学ぶべきだと鋭い指摘をした。それこそが真の生き方だというのである。

セネカにはその主張を実践する機会が多く与えられた。たとえば、紀元41年、セネカは、ガイウス皇帝〔ガイウス・ユリウス・カエサル・アウグストゥス・ゲルマニクス。第3代ローマ皇帝で、「カリグラ」の名で知られる〕の妹と不義の関係をもったとして告発されている。その真偽は定かでないものの、結果として8年間コルシカに追放された。その後、運が向いてきてローマに呼び戻され、のちの皇帝である、当時12歳のネロ〔ネロ・クラウディウス・カエサル・アウグストゥス・ゲルマニクス。第5代ローマ皇帝。西暦64年のローマ大火をキリスト教徒の犯行としてキリスト教徒を多数処刑した（歴史上初のローマ帝国によるキリスト教弾圧とされる）ことから、キリスト教圏での「暴君」の代名詞となった〕の家庭教師になった。後年は、ネロの演説の原稿を書いたり、政治的な助言をしたりした。しかし、運命がまたもや予想外の展開を示して、この関係はすさまじい終焉を迎えた。セネカがネロ暗殺の陰謀に荷担したとされたのだ。今度は逃れようがなかった。セネカはネロより自害を命じられた。拒否することはできなかったし、拒否したとしても結局は処刑されることになっただろう。抵抗は無意味だ。セネカはみずから命を絶ったが、ストア哲学の教えどおり、最後まで安らかで穏やかだった。

ストア哲学の主要な教えは、一種の心理療法、つまり、人生をより穏やかに過ごすための心理テクニックとみなすことができる。思考を鈍らせるやっかいな感情から逃れれば、すべてがよりわかりやすくなる。残念なのは、感情を鎮めると、大事なものが失われたように思えることだ。ストア哲学が勧める無関心は、コントロールできない出来事に直面したときの不満を軽減してくれるだろう。だが、その代償に、わたしたちは冷淡で、薄情になり、人間性を失うかもしれない。平穏を得るためだとしても、代価が高すぎるのではないだろうか。

次章で紹介する初期キリスト教者アウグスティヌスは、古代ギリシャの哲学者に影響を受けたものの、ストア派とはまったく異なる。この世の悪を深く憂慮し、神と、人間に対する神の意図を理解したいと切望した情熱の人である。

Chapter 6

わたしたちを操るのは誰か

アウグスティヌス（３５４～４３０）はどうしても真実が知りたかった。キリスト教徒として、神を信じている。それでも多くの疑問があった。神はわたしに何を望まれているのか。わたしはどう生きるべきなのか。アウグスティヌスは寝ている時間以外のほとんどを、こういった疑問について考えたり、書いたりして過ごした。とても危険なことだった。死後、永遠の地獄に落ちることを信じる人々にとって、哲学上の過ちをおかせば恐ろしい結果を招いてしまうように思えるからだ。アウグスティヌスも、自分の考えが間違っていたら、燃える硫黄で永遠に火あぶりにされてしまうのではないかと恐れた。悩み続けた問いのひとつは、**なぜ神は悪の存在を許しているのか**、というものだった。これに対してアウグスティヌスの導いた答えは、いまもなお多くの信仰者の支持を得ている。

中世の時代、おおまかには5〜15世紀、哲学と宗教は密接に結びついていた。中世の哲学者は、プラトンやアリストテレスといった古代ギリシャの哲学者に学びながらも、彼らの考えをみずからの宗教に当てはめた。中世の哲学者の多くはキリスト教徒だったが、なかにはマイモニデスやイブン・スィーナーといったユダヤやアラブの哲学者もいた。後年、聖人の列に加えられたアウグスティヌスは、そのなかでも傑出した人物のひとりだ。

アウグスティヌスはタガステ、つまり現在の北アフリカのアルジェリアで生まれた。そこは当時まだローマ帝国の一部だった。本名はアウレリウス・アウグスティヌス。だが、現在では、聖アウグスティヌスまたは（のちに住んだ場所の地名にちなんで）ヒッポのアウグスティヌスとして知られている。

母親はキリスト教徒、父親はその地域の土着の宗教を信じていた。若い頃は放埒《ほうらつ》な生活を送り、愛人とのあいだに子供をもうけたが、30代でキリスト教に改宗し、ヒッポで司教となった。俗世の快楽にどっぷり浸《ひた》っていたため、自分の性欲を止めてほしい、「だが、もう少しあとで」と神に願った話はよく知られている。**『告白』『神の国』**など100冊近くの著作は、プラトンの哲学を拠《よ》りどころとしながら、キリスト教的な解釈を加えている。

キリスト教徒の大半は、神には特別な力があると考えている。つまり、神は究極の善であり、全知全能だ、と。それこそが「神」であり、そうでなければ神ではない。ほかの多くの宗教でも、神はそういうものとされているが、アウグスティヌスの関心はキリスト教の神にのみ向けられた。

神を信じていても、世界には幾多の苦難があるのを認めないわけにはいかない。否定は難しい。地震や病といった自然がもたらす災いもあれば、倫理を欠いた悪、つまり人間による災いもある。殺人と拷問は、倫理を欠いた悪のわかりやすい例だ。アウグスティヌスが書を著すよりもはるか昔、ギリシャの哲学者エピクロス（4章）はこの問題を認識していた。全知全能の善なる神がなぜ悪を許しているのか。悪を止められないなら、全能とは言えないのではないか。能力に限界があるということなのだから。もし、神が全能であるにもかかわらず悪を止めようとしないなら、究極の善と言えるのだろうか。道理にかなっているとは思えなかった。この問題はこんにちも多くの人を悩ませている。アウグスティヌスは倫理を欠いた悪がとくに気になった。善なる神が、こういった災いが起こるのを知りながらも、それを防ごうとしないのを理解するのは難しいと感じた。神のなすことは神秘に包まれ、人知が及ばないという考えには納得がいかなかった。アウグスティヌスは答えを知りたかった。

いまある男が誰かを殺そうとしているとする。鋭利なナイフを手に被害者に襲いかかる。まさに悪の行為がなされようとしている。だが、神にはそれを止めるだけの力があるはずだ。殺人者になろうとしている男の脳の神経細胞をほんの少しいじればいい。あるいは、誰かが凶器に使おうとするたびに、ナイフを柔らかいゴムのように変えてもいい。ナイフがぶつかっても相手は傷つかないだろう。全知なる神は、世界で起こっていることをすべて知っているにちがいない。すべてを見ている。悪がなされるのを良しとはしないだろう。完全な善とはそういうことだからだ。だが、殺人は起こる。鋼《はがね》のナイフはゴムに変わらない。稲妻が光ることも、雷が落ちることも、ナイフが男の手から奇跡的に落ちることもない。最後の瞬間に男が気持ちを変えることもない。いったいどうなっているのだろうか。これが、神がなぜそんなことを許すかを説明できるかどうかという古典的な「**悪の問題**」である。すべてが神のなした結果だとすれば、悪もそうである。神は何らかの理由があって、悪をつくりだしたのにちがいない。

若い頃のアウグスティヌスは、神が悪の存在を望んだと考える必要はなかった。マニ教を信仰していたからだ。マニ教は、ペルシア（現在のイラン）で生まれた宗教である。信徒たちは、マニ教の神が最上の力をもっているとは考えていなかった。マニ教では、神と悪魔が互角の戦いを永遠に繰り広げているとされた。つまり、この見方によれば、神と悪魔の支配権をめぐる争いは膠着《こうちゃく》状態にある。どちらの力も強大だが、相手を打ち負かすほど強くはなかった。時と場所によっては悪が優勢になった。しかし、それは長く続かず、善が盛り返し、悪に対してふたたび勝利をおさめる。災いはこのようにして起こるのだ。悪は暗黒の力によって、善は光の力によって生まれる。

マニ教では、個人の善は魂から生まれると信じられていた。悪は身体から生まれ、すべての弱さや欲望をもたらし、わたしたちを惑わせる。だから、わたしたちはときに悪に引かれてしまうのだ。悪が存在する問題はそれほど重要ではなかった。なぜなら、マニ教では、神がすべてを支配する力をもっているとはされていない。神がすべてに力を及ぼすことができないなら、悪の存在は神のせいではないし、災いを防がなかったと神を責めることはできない。マニ教では、殺人者は本人の内面にある邪悪な力によって殺人をおかしたと説明される。こうした内なる力は強く、光の力で負かすことはできない。

アウグスティヌスはのちにマニ教の考え方を否定するようになる。善と悪の戦いが永遠に続く理由が理解できなかったからだ。なぜ神は戦いに勝てないのか。善の力は悪の力に勝るのではないだろうか。キリスト教徒は、悪の力を認めるものの、それは神の力には決して及ばないと考えている。だが、アウグスティヌスが信じたように神が真に全能だとしても、悪の問題は解明されない。なぜ、神は悪の存在を許すのか。なぜ、こんなにも多く災いが起こるのか。答えは容易にはでない。アウグスティヌスは長いあいだ、懸命に考えた。そして、自由意志、すなわち人間は次に何を行うかを選ぶことができるのがおもな理由だと結論づけた。これは「**自由意志弁護説**」として知られている。神義論、つまり**善なる神が苦難を良しとする理由**を説明し、弁護する試みだ。

神はわたしたちに自由意志を与えた。たとえば、あなたは次の文章を読むか読まないかを選ぶことができる。それはあなたの選択だ。読み続けるのを誰にも強制されなければ、やめるのは自由だ。自由意志をもつのはいいことだとアウグスティヌスは考えた。そのおかげでわたしたちは倫理的な行動ができる。善人であるとは、アウグスティヌスにとって神の意に沿うこと、とくに十戒とイエス・キリストの「隣人を愛せよ」という掟《おきて》を守ることを意味した。しかし、自由意志をもつがゆえに、わたしたちは悪事を行う選択もできる。堕落して嘘をついたり、盗みをはたらいたり、他者を傷つけたり、さらには殺《あや》めたりしてしまうこともある。多くの場合、理性が感情に負けた結果である。わたしたちには強い物欲や金銭欲がある。肉欲に屈して、神や神の掟から遠ざかってしまう。アウグスティヌスは、プラトンと同じように、理性が情欲を抑えるべきだという信念をもっていた。人間には、動物と違って理性があり、それを活かすべきだ。もし、つねに悪ではなく善を選ぶように神がわたしたちをつくったなら、わたしたちは何も悪いことをしないだろうが、それでは真に自由ではいられないし、理性をはたらかせて何をすべきかを決めることもできない。神はわたしたちをそのようにつくることもできたはずである。だが、わたしたちに選択の余地を与えてくれて良かった、とアウグスティヌスは論じている。選択ができなければ、わたしたちは神が糸を引くとおりに動くだけの操り人形になってしまう。いつでも自動的に良い選択をするなら、どう振る舞うべきか考える意味はない。

つまり神にはすべての悪を防ぐ力はある。だが、悪が存在するのは、神のせいだけではない。倫理を欠いた悪は、わたしたちの選択の結果なのだ。アダムとイブの選択のせいでもあるとアウグスティヌスは考えた。聖書の創世記に描かれたようにエデンの園で間違いが起こったのだ、と当時のキリスト教徒の多くと同じように確信していた。イブが、次いでアダムが知識の木の実を食べ、神を裏切ったとき、この世に罪が生まれた。これが**原罪**である。しかし、その影響を受けたのは2人だけではすまなかった。すべての人間がその代償を払わなければならないのである。アウグスティヌスは、生殖行為をつうじて原罪が新しい世代に受け継がれると考えた。生まれたばかりの子供ですら、この原罪を負っている。原罪のせいで、わたしたちは罪をおかすのだとも言えるだろう。

現代のわたしたちにとって、他者がおかした罪の責めを負い、罰せられるというのは、受け入れがたく、不当に思える。だが、悪が存在するのは、人間が自由意志をもつ結果であり、すべて神のせいではないという考え方は、いまでも多くの信者に支持されている。そう考えれば、全知全能で完璧な善である神を信じられるからだ。

中世の人気作家のひとりであるボエティウスも神が全知全能の存在だと信じていたが、自由意志に関する別の問題に取り組んだ。それは、わたしたちがどのような選択をするかを神が知っているなら、わたしたちはどうやって自由に行動を選択しうるのか、という疑問だ。

Chapter 7

哲学の慰め

もし、獄中で処刑を待つとしたら、あなたは哲学書を書いて最後の日々を過ごすだろうか。**ボエティウス**はそうした。それが彼の著書のなかでもっとも有名になった。

アニキウス・マンリウス・セウェリヌス・ボエティウス（475～525）は、ローマ帝国後期の哲学者のひとりだった。ローマが蛮族の手に落ちる〔ゴート戦争においてローマと敵対した東ゴート王国による約1年間にわたるローマの占領と略奪を指す〕20年前に世を去った。もっとも、ローマはボエティウスの生前からすでに衰退を始めていたのだ。ボエティウスは、キケロやセネカといったローマの哲学者たちと同様に、哲学とは自己啓発のためのもの、つまり、抽象的な思考の学問であるだけでなく、人生をより良くする実用的な手段だと考えた。また、古代ギリシャのプラトンやアリストテレスの書物をラテン語に翻訳し、忘れられてしまいそうだった彼らの思想をふたたび蘇らせた。キリスト教徒であるボエティウスの著者は、中世の信心深い哲学者たちに感銘を与えた。そのため、ボエティウスの哲学はギリシャ・ローマの思想家と、彼の没後、何世紀にもわたって西洋を支配することになるキリスト教的な哲学をつなぐ橋となった。

ボエティウスの生涯は、幸運と不運が入り混じったものだった。当時ローマを支配していたゴート族の王テオドリックは、ボエティウスに執政官の要職を与えた。ボエティウスの息子たちも、実力で昇進するには若すぎたものの、特別な名誉として執政官の地位を与えられた。すべてがうまくいっているように思われた。富にも、家柄にも恵まれ、賞賛も浴びた。公務のかたわら哲学の研究をする時間も見つけ、多くの執筆や翻訳も行った。順風満帆の人生だった。だが、運命が一変した。テオドリック王への反逆を企てた罪で、ローマから離れたラヴェンナに送られ、投獄されたのだ。そこで拷問を受け、絞首と殴打によって処刑された。無罪を主張し続けたが、信じてもらえなかった。

ボエティウスは、獄中、死が近いことを知りながら執筆をした。これが死後、中世の時代のベストセラーとなる『**哲学の慰め**』である。冒頭、ボエティウスは独房でみずからを哀れんでいる。そのとき、突然、ひとりの女性が自分を見下ろしているのに気づいた。普通の高さだった女性の背が、天よりも高くなったように見えた。女性の服はぼろぼろで、裾にあるギリシャ文字のパイ（π）から上のほうのシータ〔ギリシャ文字のひとつ。「θ」と表記する〕の文字まで梯子《はしご》が延びている刺繍がほどこされていた。女性の片手には笏《しゃく》があり、もう片手には本がある。女性は「哲学」であり、口を開いて、ボエティウスに何を信じるべきかを教える。女性は、ボエティウスが彼女のことを忘れていたことに腹を立てていた。そして、ボエティウスが彼自身の身に起こったことにどう対処すべきかを思い起こさせる。その後、運と神についての2人の会話が続く。一部は散文、一部は詩になっている。この女性「哲学」がボエティウスに助言を与えるのである。

女性は、運はつねに変わるので、驚くべきではないと教える。それが運というものだ。運は気まぐれなのだ。運命の車輪は回転する。絶頂に登ったかと思うと、どん底に落ちる。富める王が1日で貧困に陥ることもある。そういうものだと悟るべきだ。運は当てにならない。今日、幸運だからといって、明日もそうだとはかぎらない。

「哲学」は説明する。人間は愚かにもうつろいやすいものに幸福を求めてしまう。だが、**真の幸福は内にある**。みずからコントロールできるし、不運だからといって壊れてしまうものではない。これは5章で紹介したストア派と同じ考え方だ。今日、起こった不運を達観することによって、天候や自分の親が誰かといった、みずからの力でどうにもできないものには影響されないようにするのだ。「哲学」はボエティウスに言う。本質的に恐ろしいものは何もない。すべては考え方だ。幸福とは世界ではなく心の状態である。エピクテトスはこれをみずから悟ったのだ。

「哲学」は、もう一度、ボエティウスを自分のほうへ向かせたかった。そして、牢獄で死を待つ身でも、真に幸福になれると説いた。彼の苦しみを癒やそうとしたのだ。富や権力や名誉は来ては去っていくものなので価値がない。そのような脆《もろ》いものを幸福の拠りどころとしてはいけない。幸福とはもっと堅固で、奪われることのないものから生まれなければならない。ボエティウスは死後の生を信じているのだから、現世のつまらないことに幸福を求めるのは間違っている。いずれ、死によってすべてを失うのだから。

それでは、ボエティウスはどこに真の幸福を見つければいいのか。「哲学」の答えは、**神あるいは善**（どちらも同じものだとのちにわかる）ということになる。ボエティウスは初期のキリスト教徒だが『哲学の慰め』はこれについて触れていない。「哲学」が言う神とは、プラトンが提唱する善のイデアだろう。キリスト教では名声や富が無価値であり、神を喜ばせることが重視される。それについては後の章で紹介する。

『哲学の慰め』全体をつうじて、「哲学」はボエティウスがすでに知っていることを思い出させようとする。これもまたプラトンの考え方である。プラトンは、学問とはすでにもっている考えを思い出すことだと信じていた。新しいことを学ぶのではなく、記憶を呼び起こすのである。人生とは、すでに知っていることを呼び起こそうと努力することだ。ボエティウスがある程度まですでに知っているのは、自由や世間の賞賛を失うのを恐れる必要がないということである。こうしたことはほとんどコントロールできない。大事なのは状況をどう考えるかであり、それは自分で選ぶことができるのだ。

しかし、ボエティウスは神を信じる多くの人々を悩ませてきた、本質的な問題に惑わされる。神が完璧であるなら、起こったことすべてを知っているはずだし、これから起こることもすべて知っているはずだ。全知全能とはそういうことである。もし神が存在するなら、次のワールドカップでどのチームが優勝するのか、わたしが次に何を書こうとしているのかを知っている。これから起こるすべてのことを知っているはずだ。神が起こると知ったことは必ず起こるはず。つまり、この瞬間に、すべてがどうなるかを神は知っているのである。

すなわち、神は次にわたしが何をするかを、わたし自身が知らなくても知っているということになる。決断をするときは、さまざまな可能性が目の前に広がっているような気がする。通りで道が分かれれば右にも左にも行けるし、ただ座り込んでもいい。わたしは、いま、執筆の手を止めてコーヒーを淹《い》れてもいいし、ノートパソコンのキーを打ち続けてもいい。すべてはわたしが決めること。やるかやらないかはみずからの選択のように思える。誰かに強制されているわけではない。いま目を閉じたければ、そうしてもいいのだ。だが、わたしたちがどうするかを神が知っているとしたら？

もし神が、わたしたちが何をするかを知っているとしたら、わたしたちはこれから何をするかを本当にみずから選択しているのだろうか。選択とはただの錯覚なのだろうか。神がすべてを知っているのであれば、自由な意思など与えられていないのではないだろうか。神は10分前に、わたしが執筆を続けることをメモ用紙に書きつけたかもしれない。実際にわたしは執筆を続け、そのときに気づいていたかどうかにかかわらず、必然的に書き続ける。もし神がメモ用紙にそう書いたのであれば、わたしが自分で選択したように思えても、実際にはそうでないことになる。わたしの人生は、ほんの小さなことまですでに決まっているのだ。もし、選択ができないなら、わたしたちが自分の行動の結果、罰を受けたり、報いを得たりするのは正しいのだろうか。わたしたちに選択の余地がないのであれば、神はわたしたちが天国に行けるかどうかを、どうやって決めるのだろうか。
これは複雑な問題であり、哲学者たちは**パラドックス**〔一般的に、逆説・逆理・背理などの意。ギリシャ語の「*para*：反対の」＋「*doxa*：意見」が語源〕と呼ぶ。わたしたちが何をするかを誰かが知っているのに、わたしたちが何をするかを自由に選べるというのは不可能であり、それぞれが相反する考え方に思える。しかし、神が全知全能であるなら可能なのかもしれない。

ボエティウスの独房にいる女性「哲学」は、いくつかの答えを示す。わたしたちには自由な意思がある。これは錯覚ではない。神はわたしたちが何をするかを知っているが、わたしたちの人生を決めているわけではない。つまり、神がわたしたちがどう行動するかを知っていることと、わたしたちの運命が決まっていること（わたしたちに選択の余地がないこと）とはまったく異なる。わたしたちは次に何をするかを選択できる。神が人間のようにわたしたちの目の前にいて、何が起こっているかを見ているように考えるのは間違っている。神は時を超越し、時の概念の外にいる、と「哲学」はボエティウスに言う。

神は一瞬にしてすべてを把握するのだ。過去、現在、未来をひとつのものとして捉えている。人間は、1つひとつ起こることに固執するが、神はそうではない。神がわたしたちの自由意思を損なうことなく、また、わたしたちを選択の余地なくプログラムされた機械のようにすることなく、わたしたちの未来を知りうるのは、時間の枠にとらわれずにわたしたちを見ているからだ。すべてを時を超越したひとつの流れとして捉えているのである。「哲学」はボエティウスに言う。神は、わたしたちが何をするかを前もって知ってはいるものの、わたしたちがどう行動するか、何を選択するかによって、わたしたちを見極めていることを忘れてはいけない、と。

もし、「哲学」の言うとおりだとすれば、また、神が存在するならば、神はわたしがいつこの文章を書き終えるかを正確にわかっている。だが、ここで句点を打って文章を終えるのもわたしの自由な意思なのだ。

さて、読者のみなさんは、次の章を読むか読まないかを自由に決められる。次章では神の存在を信じるかどうかに関するふたつの議論を見ていこう。

Chapter 8
完璧な島

誰でも神という概念を知っている。神の存在を信じるかどうかはともかく、「神」の意味は理解している。あなたは、おそらく、いま自分なりの神の概念について考えているかもしれない。だが、それは神が本当に存在すると信じているのとは違うだろう。ところが、イタリアの修道士で、のちにカンタベリー大主教になった**アンセルムス**（1033〜1109）は、わたしたちが神の概念を抱いているという事実が、論理的に神の存在を証明していると主張した。これが、アンセルムスの**存在論的証明**である。

アンセルムスは著書『**プロスロギオン**』において、まず、神が「それより偉大なものを考えることのできない」存在であると主張する。言い換えれば、神は想像しうるもっとも偉大な存在ということだ。力、善、知においてもっとも偉大であり、それよりも偉大なものを想像できない。できるとすれば、それが神なのだろう。神は至上の存在だ。この神の定義に議論の余地はないだろう。たとえば、ボエティウス（7章）も神を同じように定義した。わたしたちは頭のなかで、神の概念を明確にもつことができる。これもまた議論の余地はない。だが、頭のなかに存在するだけで、現実に存在しない神は、考えうるかぎりもっとも偉大ではないと、アンセルムスは指摘した。現実に存在するもののほうが偉大である。神が想像のなかで存在することは可能だろう。無神論者でさえ、それはたいてい受け入れる。しかし、想像上の神が、実在する神よりも偉大であるはずがない。だから神は実在するにちがいないとアンセルムスは結論づけた。神の定義から論理的に導き出した結論である。アンセルムスが正しければ、神という概念があることによって、神の存在を確信できることになる。これは**ア・プリオリ**（先験的）論法と呼ばれ、世界についての観察にもとづくことなく結論を導いている。出発点から議論の余地がなく、神の存在を証明しているように思える論法だ。

アンセルムスは画家を例にしている。画家は、まず描く絵を頭に思い浮かべ、ある段階で実際に描き始める。つまり、その絵は、想像上と現実の両方に存在する。だが、神はこうしたものとは異なる。わたしたちは画家が、思い浮かべた絵を実際には描かないこともあるのを容易に想像できる。その場合、絵は、画家の頭のなかにあるだけで、現実には存在しない。しかし、アンセルムスは神が存在しないなら、神の概念を抱くのは論理的に不可能とした。そういう存在は神だけである。ほかのものなら現実には存在しなくても、頭のなかで矛盾なく想像できるが、神は存在しないのに想像できるようなものではない。神とは何であるかを正しく理解すれば、神が存在しないことが不可能かもしれないと認められるだろう。

アンセルムスの神の存在「証明」を知る人はたいがい、結論に至る方法にひっかかりを感じる。どこか疑わしいのだ。アンセルムスの証明だけを根拠に神を信じる人はほとんどいない。だが、アンセルムスは、愚か者だけが神の存在を否定するという旧約聖書の詩篇をもちだした。一方、同時代の、マルムーティエ修道院の修道士ガウニロは、アンセルムスの証明を批判した。愚か者の立場を擁護する、思考実験を考え出したのである。

どこかの海に、誰も行くことができない島があるとする。この島は驚くほど豊かで、想像できるあらゆる果物が実り、珍しい木や植物や動物が見られる。人は誰も住んでおらず、だからこそ完璧である。つまり、想像しうるもっとも完璧な島だ。だが、この島は存在しないと言う人がいても、理解するのは難しくない。意味はわかる。それでは、次のように主張する人がいたらどうだろう。この島はほかの島よりも完璧だから間違いなく存在する。わたしたちにはその島の概念がある。しかし、その島が頭のなかにしか存在しないなら、もっとも完璧な島とは言えない。よって、その島は存在しなければならない、と。

この論法を用いて、このもっとも完璧な島が存在することを納得させようとする人がいたら、おそらく何かの冗談だと思われるだろうと、ガウニロは述べた。完璧な島を想像しても、それを魔法のように現実のものにすることはできない。そんな馬鹿なことは起こらないのだ。ガウニロは、アンセルムスの神の存在の証明が、もっとも完璧な島の存在を主張する論法と同じだと指摘している。想像しうるもっとも完璧な島が信じられないのに、なぜ想像しうるもっとも完璧な存在である神を信じられるのか。同じ論法を用いれば、もっとも完璧な島だけでなく、もっとも完璧な山、もっとも完璧な建物、もっとも完璧な森など、さまざまなものを想像によって存在させることができるはずだ。ガウニロは神を信じていたが、アンセルムスの論法には説得力がないと考えた。それに対して、アンセルムスは、自分の論法は島ではなく、神にだけ当てはまると応じた。他のものはそれぞれの種類のなかでもっとも完璧だというだけだが、神はすべてのうちでもっとも完璧だからだ。よって、神は必然的に存在する唯一のもの、存在しないはずのない唯一のものだと述べた。

200年後、『**神学大全**』という長い著作の短い項目で、イタリアの聖人**トマス・アクィナス**（1225〜1274）は、神の存在を示す証明を「**5つの道**」としてまとめた。この5つの道は、こんにち、その著作の他の部分よりもはるかによく知られている。5つの道のうちの2つめである**第一原因論**は、ずっと以前にアリストテレスが唱えた主張がもとになっている。アクィナスの哲学のほとんどがアリストテレスの主張にもとづいたものなのだ。アクィナスは、アンセルムスと同じく、神の存在を論法によって証明しようとした。第一原因論は、すべてを包含する宇宙の存在を出発点としている。周りを見てほしい。すべてのものはどこから来たのだろうか。存在するすべてのものには、それをつくり、いまの状態にした何らかの原因がある、というのが単純な答えだ。たとえばサッカー用のボールは、デザインを決めて製造する人や原材料など多くの原因によってつくられている。では、原材料は何が原因で存在するのだろうか。その原因は何が原因となっているのか。そうした原因をどんどん遡《さかのぼ》っていくことができる。だが、そうした原因と結果の鎖はどこまで続くのだろうか。

アクィナスは、原因と結果を永遠に遡る、無限後退があるはずはないと確信していた。無限後退があるなら、最初の原因が存在しなかったことになる。すべての原因となるものをつくりだした原因があり、さらにその原因をつくりだした原因があるというように永遠に遡らなければならない。だが、アクィナスは、理論的には、この原因と結果の連鎖のどこか先にすべての始まりがあるはずだと考えた。もしアクィナスの考えが正しければ、それ自身が原因となるのではなく、原因と結果の鎖の始まりとなるもの、つまり、原因のない原因があるはずだ。この第一原因が神にちがいない、とアクィナスは主張した。神は存在するものすべての、原因のない原因なのだ。

後世の哲学者は、この論にさまざまな反応を示した。すべての始まりとなる、原因のない原因があるにちがいないというアクィナスの主張に同意したとしても、その原因のない原因が神であることを信じる理由はないと指摘する者もいた。原因のない最初の原因は、きわめて強力なものでなければならないだろうが、神に備わっていると考えられている特性がなければならないことはこの論法では示されていない。この原因のない原因は、最高善である必要も、全知全能である必要もないようだ。人格神というよりは、エネルギーのうねりのようなものかもしれない。

もうひとつの反論は、原因と結果の無限後退があるはずがないというアクィナスの主張を受け入れる必要がないということである。アクィナスの主張が正しいかどうかはわからない。何が宇宙の第一原因だと示されたとしても、「その原因は何か」とつねに問うことができる。アクィナスは、この問いを続ければ、「原因はない。これは原因のない原因だ」という点に行きつくと単純に想定している。だが、それが、原因と結果の無限後退だと述べるよりも良い答えであるかどうかはわからない。

神を信じ、信仰生活を送った聖アンセルムスや聖アクィナスと対極にいたのが、世俗的な思想家ニッコロ・マキャベリだ。彼を悪魔と比較する人もいる。

Chapter 9 キツネとライオン

たとえば16世紀のイタリアで、フィレンツェやナポリなどの都市国家を治める王になったと想像してみよう。あなたには絶対的な権力がある。命令を出せば実行される。誰かがあなたの悪口を言ったとか、暗殺を企てているとかいった疑いがあれば、すぐさまその人を投獄することもできる。軍隊は、あなたの命令にただちに従う。しかし、近隣の都市国家には、あなたの領土を奪おうともくろむ野心家の王がいる。どうしたらいいだろうか。正直に協定を守り、人間は善であると信じて、思いやりをもって行動すべきだろうか。

ニッコロ・マキャベリ（1469〜1527）は、いかに正直で善人だと思われたいとしても、それは間違った考えだと述べた。ときには嘘を言い、約束を破り、敵を殺すほうがいいこともあるというのだ。君主は約束を守る必要はない。マキャベリによれば、君主は「いかに善をなさないか」を学ぶべきだという。もっとも大事なのは権力の座にとどまること。そのためにはどんなことも許される。当然ながら、こうした考えを記した『**君主論**』は１５３２年の刊行以来、悪評を受け続けている。邪悪であり、悪党らがせいぜい手本にする程度だ、と言う人もいれば、政治の世界で実際に起こっていることを詳細に説明している、と言う人もいる。こんにちでも多くの政治家が読んでいるが、それを認める人はほとんどいない。記された原則を実行することで、それが明らかになるのかもしれない。

『君主論』は万人向けの手引き書ではなく、権力を手にしたばかりの一部の人のためのものだ。マキャベリは、フィレンツェから南へ7マイル離れた農場に住んでいたときに、この本を書いている。16世紀のイタリアはとても危険なところだった。マキャベリは、フィレンツェで生まれ育った。若い頃、外交官としてヨーロッパを旅したときに、数人の王や、皇帝や、教皇と会った。しかし、彼らのことはあまり高く評価していない。ただひとり、感銘を受けた為政者は、教皇アレクサンデル6世〔本名：ロデリク・ランソル　通称：ロドリゴ・ボルジア〕の庶子、無慈悲なチェーザレ・ボルジアだ。ボルジアはイタリアの大部分を掌中に収めるためには、敵を欺くことも殺すこともなんとも思わなかった。マキャベリは、ボルジアがやったことはすべて正しかったが、運が悪かったと考えた。ボルジアは敵に攻撃されたときに、病に倒れた。マキャベリも運の悪さにつきまとわれたため、この問題を真剣に考えたのである。

フィレンツェの旧統治者であり、莫大な富をもつメディチ家が権力の座に返り咲いたとき、マキャベリは同家を陥れる計画に荷担したとして、投獄された。仲間の何人かは処刑されたが、マキャベリは、拷問を受けたものの解放された。だが、何も自白しなかったために、追放の刑を受け、愛するフィレンツェに戻ることはなかった。政治の世界からも隔絶された。都から遠くにいて、毎晩、過去の思想家たちと会話をする想像をした。想像の世界で、思想家たちと、統治者として権力を維持する最善の方法を語り合った。『君主論』は、おそらく権力者に自分を印象づけ、政治顧問としての職を得るために書いたのだろう。それにより、フィレンツェ、そして危険と興奮に満ちた現実の政治の世界へ戻れるはずだった。だが、思うようにはいかず、マキャベリは単なる文筆家として終わることになる。『君主論』に加えて、政治に関する書をいくつか著し、さらには劇作家として成功した。彼の作品**『マンドラゴラ』**は、いまでもときどき上演されている。

マキャベリは具体的にどのような助言をし、なぜ読者をそんなにも驚かせたのだろうか。マキャベリの考えで重要なのは、君主には**「ヴィルトゥ」**が欠かせないというものだ。ヴィルトゥとは、イタリア語で「男らしさ」や「勇気」という意味である。マキャベリは、成功の多くは運によるものだと信じていた。わたしたちに起こることの半分は運によるものであり、残りの半分はわたしたちの選択の結果だ。だが、成功の見込みは、すばやく、かつ勇敢に行動することによって拡大するとも考えた。人生において運の果たす役割が大きいからといって、被害者のように振る舞う必要はない。たとえ川が氾濫し、それを防ぐことができなくても、ダムや堤防を築けば、生き残るチャンスは増える。言い換えれば、統治者が十分な備えをし、チャンスをつかめば、そうしない人に比べて、良い結果を得られやすいということだ。

マキャベリは、自分の哲学は、実際に起こったことをもとにしようと決めていた。読者に、自分の主張を近年の歴史、おもに実際に会った人々がかかわった実例をとおして示している。たとえば、チェーザレ・ボルジアは、オルシニ一族が自分の追い落としを企《くわだ》てているのを知ったとき、何も気づいていないと相手に思い込ませた。そして、一族の頭首を話し合いの名目でゼニガリアという都市に呼び出し、一行が到着すると全員を殺した。マキャベリはこの策略を称えた。これがヴィルトゥの良い例だと考えたのだ。

さらに、ボルジアは、ロマーニャと呼ばれる地域を制圧するときに、レミロ・デ・オルコという残酷な指揮官を派遣した。デ・オルコは、ロマーニャの人々を恐怖に陥れて、服従させた。しかし、ロマーニャが落ち着くと、ボルジアはデ・オルコの残虐さとは距離を置きたいと考えた。そこで、デ・オルコを殺害させ、死体をふたつに切断して町の広場にさらした。マキャベリは、このおぞましい行為も称えた。これにより、ボルジアは、ロマーニャの人々を味方にするという目的をかなえたからだ。ロマーニャの人々はデ・オルコの死を喜んだが、ボルジアがそれを命じたにちがいないことに気づき、ボルジアを恐れるようになった。自分の指揮官にさえそのような非道なことができるなら、誰も安全ではいられない。マキャベリは、こうしたボルジアの行為を勇敢だと捉えた。「ヴィルトゥ」を示す、賢明な君主が行うべきことだと考えたのである。

まるでマキャベリが暗殺を称えているようにも思える。結果が正当化されるなら、マキャベリは確かに暗殺を認めていた。しかし、大事なのはそのことではない。マキャベリが伝えたかったのは、ボルジアが、敵の殺害や指揮官のデ・オルコの例で示した行為は効果があるということだ。望んだ結果を引き出し、それ以上の流血を阻止した。残酷とはいえ、すばやい行動によって権力の座にとどまり、ロマーニャの民が蜂起するのを防いだのだ。マキャベリにとっては、手段よりもこうした結果が大事だった。ボルジアを良い君主としたのは、権力維持に必要なことをするのを躊躇《ちゅうちょ》しなかったからだ。マキャベリは、殺人のために意味なく人を殺すのは賞賛しなかっただろう。彼が描き出したのはそうした殺人ではない。このような状況で情けを見せれば、ボルジアにとっても、国にとっても悲惨なことになると信じていたのだ。

マキャベリは、統治者は愛されるより、恐れられるほうが良いと強調した。愛されつつも恐れられるのが理想だが、両方は難しい。人々に愛されていたとしても、状況が悪化すれば、見捨てられる危険がある。恐れられているなら、人々はあなたを恐れて裏切らない。これは人間性を軽んじるマキャベリの冷笑的な態度を表しているとも言える。人間はずるく、欲深くて信用できないとマキャベリは考えていた。統治者として成功したいなら次のことを知る必要がある。すなわち、約束を破ると恐ろしい結果になるのを相手にわからせなければ、相手を信頼してはいけないということだ。

好意を示し、約束を守り、愛されることで望むものを達成できるなら、そうすればいい（少なくてもそう見えるように振る舞えばいい）。達成できないなら、人間性に動物的な面を組み合わせる必要がある。統治者は人間性をもつべきだと他の哲学者は強調するが、マキャベリは、統治者が場合によっては野獣のように振る舞うことも必要だと考えた。学ぶべきはキツネとライオンだ。キツネはずる賢く、罠を見つける。ライオンは強くて怖い。だが、いつでもライオンのように凶暴に振る舞えば、罠に落ちる危険がある。つねに狡猾《こうかつ》なキツネでいてもいけない。身を守るには、ライオンの強さも必要になる。しかし、親切で、正義を貫くだけでは権力を維持できない。幸運なことに、人は騙されやすい。見かけで騙される。だから、統治者として正直でやさしい顔をしながらも、約束を破り、残酷な振る舞いをすることもある。

ここまで読むと、マキャベリが邪悪な人に思えるかもしれない。多くの人がそう思っているし、「マキャベリスト」という言葉は、悪巧《わるだく》みを企て、自分の思いどおりに人を動かそうとする者を侮蔑する意味で広く使われている。しかし、マキャベリは大切なことを言っていると考える哲学者もいる。統治者が通常の良い行いをしても、おそらくうまくいかない。日々、親切にして、約束した相手を信頼することも大事だが、州や国を統治するときは、他国が正しい行いをすると信じるのは危険な政策である。1938年、英国首相ネビル・チェンバレンは、ドイツの領土をこれ以上、拡張しないと誓ったアドルフ・ヒトラーを信じた。いまであれば、お人よしで馬鹿げたことに思える。マキャベリならチェンバレンに忠告しただろう。ヒトラーは理由があって嘘をついているのだから信じてはいけない、と。

一方、潜在的な敵に対する残虐な行為をマキャベリが支持したことを、忘れてはならない。血なまぐさい16世紀のイタリアでさえ、マキャベリがチェーザレ・ボルジアの行為を公に称えたことは衝撃的だった。わたしたちの多くは、統治者が最悪の敵に対してやってよいことを厳格に制限するべきだし、それは法律で定めるべきだと考えている。もし制限がなければ、独裁者の残虐を許すことになるだろう。アドルフ・ヒトラー、ポル・ポト、イディ・アミン、サダム・フセイン、ロベルト・ムガベなど、チェーザレ・ボルジアが権力をもっていた頃と同様の手法を用いた彼らは、マキャベリの哲学の良い広告塔にはなっていない。

マキャベリは自分を、人間が根本的には自己中心的だと考える現実主義者だと思っていた。トマス・ホッブズも同様の考えをもっている。ホッブズはその考えをもとに、社会がどのように構成されるべきかを示した。

Chapter 10

下品で野蛮で短い

トマス・ホッブズ（1588〜1679）は、イギリスのもっとも偉大な政治思想家のひとりだ。あまり知られてはいないが、健康オタクの先駆けでもあった。毎朝、長い散歩に出かけては、息が切れるまで速歩《はやあし》で坂を登った。戸外にいるあいだに良いひらめきがあったときに備えて、持ち手にインク壺が仕込まれた特製のステッキを使った。長身で、赤ら顔で、口ひげとまだらな顎ひげを生やした元気なこの男は、かつて病弱な子供だった。それが、大人になってからはすこぶる健康になり、高齢になってもコートテニスをした。魚をたくさん食べ、ワインをほんの少しだけ飲み、肺を鍛えるために歌を歌った（ただし、人に聞こえないよう、部屋の扉を閉めて）。もちろん、多くの哲学者同様、つねに考え、疑問を抱いた。その結果、91歳まで長生きした。平均寿命が35歳だった17世紀には、並外れたことだった。

ホッブズは穏やかな性格の持ち主だったが、マキャベリ同様、人間を低く評価していた。人間はみな基本的に自分勝手で、死の恐怖や個人的な利益に駆り立てられ、意識的であろうとなかろうと他者を支配したがると考えた。人間に対するホッブズのイメージを受け入れられないなら、わたしたちが家を留守にするときに鍵をかけるのはなぜだろうか。もちろん、わたしたちの持ち物を大喜びで盗む人がたくさんいると知っているからだ。それでも、そこまで自分勝手なのは一部の人だけだと反論するかもしれない。だが、ホッブズの考えは違う。ホッブズは、わたしたちが法律で縛られ、罰せられる恐れがあるときだけ、本性を抑えているという。

もし、社会が崩壊し、法律や、法律の守護者が存在しない「自然状態」で暮らさなければならないとしたら、誰もがほかのみんなと同じように、必要とあれば盗み、殺すだろうとホッブズは主張した。少なくとも、生きていくためにはそうするしかない。資源がほとんどなく、とくに、生き残るために必要な食料や水を手に入れるのが難しければ、自分が殺される前に相手を殺すのは理にかなっている。ホッブズの言葉で印象深いのは、社会の外での人生は「**孤独で、貧しく、下品で、野蛮かつ短い**」というものだ。

人々が勝手に互いの土地に入り、殺したい相手を殺すのを防ぐ力が国になければ、誰もが敵になる終わりのない戦争が起こる。想像しうる最悪の状況だ。こういった無法状態では、最強の者でさえ無事でいられる時間は長くない。誰もが睡眠を必要とするのに、眠っているあいだは攻撃に対して無防備になる。もっとも弱い者ですら、狡猾にやれば強者を倒すことができる。

殺されないために、友人と組めばいいと思うかもしれない。だが、問題は誰も信頼できないことだ。相手があなたを助けると約束しても、自分の利益になるなら裏切るかもしれない。作物を大規模に栽培したり、建物を建てたりといった共同作業が必要になる活動は、最低限の信頼関係がなければ不可能だ。だまされたとわかったときには手遅れで、文字どおり背後から刺されることになる。裏切り者を罰する者もいない。敵はどこにいてもおかしくない。生きているかぎり、襲われるかもしれないという恐怖がつきまとう。見通しは暗い。

解決策として、ホッブズは、力のある個人あるいは議会に監督させるべきだと主張した。自然状態にあった個人は「社会契約」を結び、安全と引き替えに危険を伴う自由の権利をいくぶん放棄することに合意する。ホッブズが「主権者」と呼んだ存在なしでは、生きることは地獄のようになるだろう。主権者には、規則を破った者に対して厳しい罰を科す権利が与えられる。ホッブズは「自分がしてほしいように相手にもする」といった、わたしたちが大切だと思う自然法が存在すると信じていた。法律は、他者にそれを守らせる権力をもつ者や存在がなければ役に立たない。法律がなければ、そして強力な主権者がいなければ、自然状態におかれた人々は暴力によって殺されるかもしれない。唯一の救いは、そういった人生はすぐに終わることである。

『**リヴァイアサン**』（1651）はホッブズのもっとも重要な著書で、悪夢のような自然状態から、何とか生きていくことができる安全な社会へ移行するのに必要な方法が詳細に説明されている。リヴァイアサンは聖書に出てくる巨大な怪物だ。ホッブズはそれを、国家の強大な権力にたとえた。『リヴァイアサン』の冒頭では、剣と笏をもった巨人が丘の上にそびえ立っている。巨人は、1人ひとりが識別可能な、大勢の小さな人間の集まりだ。それは強力な国家の象徴であり、頭部が主権者を表している。主権者がいなければ、すべてが壊れ、社会は崩壊し、人間はばらばらになって生き延びるために傷つけ合うようになる。

そのため、自然状態の個人には、他者と一緒に働き、平和を求める理由ができる。それが自分を守る唯一の方法だからだ。そうでなければ、ひどい一生を送るはめになる。安全は自由よりもはるかに大切だ。死に対する恐怖が社会を形成するのだ。人々は自由の多くを犠牲にして社会契約、つまり主権者による法律を守る約束を受け入れる。強い権力のもとにいるほうが、全員が争い合うよりはましだろう。

ホッブズは、母親の胎内にいたときから、危険な目に多くあった。ホッブズが早産で生まれたのは、イギリスがスペインの無敵艦隊に侵略されるという話を聞いて、母親がショックを受けて産気づいたからだ。幸いイギリスは侵略されなかった。のちに、ホッブズはイギリス内戦を逃れるためにパリに移ったが、祖国が無政府状態に陥ってしまうのではないかという恐怖は、その後の著書にたびたび表れている。パリで『リヴァイアサン』を書いたホッブズは、1651年の出版後まもなく、イギリスに戻った。

ホッブズは、同時代の思想家同様、単なる哲学者ではなく、あらゆる知識に通じていた。幾何学、科学、古代史にも強い興味を示した。若い頃は文学を愛し、書き、翻訳した。哲学には中年になってから関心を向け、唯物論者として、人間を単に物質的な存在だと捉えた。魂などというものは存在せず、わたしたちはこのうえなく複雑な機関である肉体をもっているにすぎないと信じた。

17世紀の最先端技術は時計仕掛けの機械であり、ホッブズは、人間の体の筋肉や臓器もそれと同じだと考えた。著書でも動作の「ばね」や、わたしたちを動かす「歯車」などの表現が使われている。思考も含め、人間の存在すべてが肉体的活動だと確信していたのだ。ホッブズの哲学に、魂が入り込む余地などなかった。これは、こんにちの多くの科学者が抱く現代的な観念だが、当時としては急進的な考え方だった。ホッブズは、神でさえも大きな物理的存在だと主張した。これをホッブズが遠回しに無神論を唱えているのだと、捉える人もいた。

ホッブズの批判者は、王であれ女王であれ議会であれ、主権者に個人を支配する力を与えたのはやりすぎだと考えている。ホッブズの描いた国家は、主権者が市民に対してほぼ無制限の権力を有する独裁主義国家だ。平和なほうが望ましいし、暴力によって殺される恐怖は、平和を維持する権力に服従する強い動機になる。だが、個人または個人の集まりに、あまりにも多くの権限を与えるのは危険でもある。ホッブズは民主政治を支持していなかった。みずから決定をくだす能力が国民にあるとは信じていなかった。それでも、20世紀の独裁者が行ったおぞましい出来事の数々を知ったら、考えを変えたかもしれない。

ホッブズが魂の存在を認めずに悪評を買った一方で、同時代のルネ・デカルトは、ホッブズとは対照的に、精神と肉体は異なるものだと考えた。ホッブズが、デカルトは哲学より幾何学に向いているし、幾何学に専念するべきだと考えたのはそのせいかもしれない。

Chapter 11

これは夢なのだろうか

目覚ましの音が聞こえる。それを止め、ベッドからもそもそと起き出し、身支度をして朝食をとり、1日を始める。ところが、思いがけないことが起こる。あなたは目を覚まし、すべてがただの夢だったと気づくのだ。夢のなかでは、ベッドから起きてちゃんと生活していたのに、実際は掛け布団にくるまっていびきをかいていた。こんな経験をしたことがある人にはどんな感じかがわかるだろう。「**偽の覚醒**」と呼ばれるこの経験は、強い現実感が伴う。フランスの哲学者**ルネ・デカルト**（1596〜1650）はこの偽の覚醒を経験したあと、考えるようになった。どうすれば、いまが夢を見ている状態ではないと確信が持てるのだろう、と。

デカルトにとって哲学は多くの知的関心事のひとつだった。デカルトは傑出した数学者であり、「**直交座標**」〔直角に交わる数直線上の実数を指定することで平面上、あるいは空間上の方向や位置を決定づける座標系〕の考案で知られている。天井を歩くハエを見て、その位置をどう説明すればいいか、と疑問に思ったのがきっかけだったそうだ。科学にも強い興味を抱き、天文学と生物学に詳しかった。哲学者としての評価は『**省察**』と『**方法序説**』によるところが大きい。その著書において、デカルトは、どこまで知ることができるかという限界を探っている。

　多くの哲学者と同様に、デカルトは信じられる理由を検討せずには何も信じたがらなかった。また、厄介な問い、つまり、ほかの人ならできないような質問を好んでふっかけた。もちろん、すべてに絶えず疑問を抱いていては生きていけないこともわかっていた。ピュロン（3章）が明らかにしたように、ほとんどのことはそのまま信じて受け入れなければ、人生は非常に困難なものになる。だが、生涯のうちに一度、何かひとつでも確かと思えるものを見つけられるかどうかを試してみる価値はあると考えた。そのためにある手法を編み出した。それは**方法的懐疑**として知られている。

　方法的懐疑は極めてわかりやすい。もし真実でない可能性がわずかでもあるなら、受け入れないということだ。リンゴが入った大きな袋があるとしよう。なかにはカビの生えたリンゴもあるとわかっているが、どれなのかはわからない。ほしいのは、カビの生えたものがない、良いリンゴだけが入った袋だ。どうすればいいのだろうか。リンゴをすべて床に広げ、1個ずつ調べて、絶対に大丈夫だと確信できるものだけを袋に戻すというのがひとつの方法だ。その過程で、少し内部が傷んでいるかのように見えるだけの、良いリンゴを除外してしまうかもしれないが、結果として、良いリンゴだけが袋に入る。デカルトの方法的懐疑はこういったことだ。「わたしはいま、目を覚ましてこれを読んでいる」といった考えを検証し、誤っているとか、惑わされているとかではないと確信をもったら受け入れる。少しでも疑いの余地があれば認めない。デカルトは、信じていた多くのことに対して、絶対に信じられると確信がもてるかどうかを考えた。世界は本当に思っているとおりのものなのか。夢を見ているのではないと確信できるのか、と。

デカルトは、間違いなく信じられるものをひとつ見つけたかった。それが事実への足掛かりになる。しかし、疑念の渦に沈み込み、確かなものは何もないという結果になる危険もあった。デカルトが用いたのは懐疑派的な手法ではあったが、ピュロンやその弟子たちの懐疑主義とは異なっていた。ピュロンらが確かなものは何もないと示そうとした一方で、デカルトは、もっとも強固な懐疑論でさえ揺るがすことのできない信念があることを示したかった。

デカルトは、見る、触る、嗅《か》ぐ、味わう、聞くといった感覚をとおして得られる証拠について考えることから確実性の探求を始めた。わたしたちの感覚は信頼できるのだろうか。信頼できない、とデカルトは考えた。感覚はときにわたしたちを欺く。わたしたちは誤解をする。たとえば、見えるものについてはどうだろう。目に見えるものはすべて信用できるだろうか。どんなときでも自分の目を信じられるだろうか。

水に浸かったまっすぐな棒は、横からだと曲がって見える。四角い塔が、遠くから見たら丸く見えることもある。見間違えもときおり起こる。デカルトは、かつて欺かれたものは信頼しないほうがいい、と指摘する。よって、感覚は確実性の拠りどころにはならない。感覚に欺かれていないという確信がもてないからだ。いつもではないかもしれないが、ほんの少しでも可能性があるなら、全面的に信頼するわけにはいかない。では、何を頼りにすればいいのだろう。

「わたしはいま、目覚めた状態でこれを読んでいる」ということは、おそらく疑いの余地がないように思えるかもしれない。あなたは目覚めた状態にあり、これを読んでいる。当たり前ではないか。だが、すでに述べたとおり、あなたは目が覚めている夢を見ているのかもしれない。いま、夢を見ているのではないと、どうしてわかるのだろう。いま、経験していることがあまりに現実感が強く、夢にしては具体的すぎると思うかもしれない。だが、現実のような夢を見る人は大勢いる。あなたがいま、そうでないと言えるだろか。どうしてそれがわかるのだろうか。ひょっとして、あなたはいま、自分をつねってみて眠っているのかどうかを確かめたかもしれない。まだならやってみてほしい。それで何がわかっただろうか。何もわからない。夢のなかで自分をつねったかもしれないからだ。つまり、あなたはいま、夢を見ているのかもしれないのだ。そんな感じはしないだろうし、そんなことはありそうもないが、あなたが起きているかどうかについては、わずかとはいえ疑いの余地がある。よって、デカルトの方法的懐疑を当てはめると「わたしはいま、目覚めた状態でこれを読んでいる」という考えは完全に確かなものではないので、受け入れてはならない。

つまり、わたしたちは自分の感覚を全面的に信頼してはいけないのだ。わたしたちが夢を見ていないという絶対的な確信がないからだ。だが、デカルトによれば、夢のなかでも2+3=5だという。デカルトは自分の主張を説明するため、思考実験、つまり想像上の話を用いて、「自分は夢を見ているのだろうか」という考えに対する検証よりさらに厳しい検証を思いつく。デカルトは言う。とても強い力をもち、賢く、また残酷な悪魔がいると想像してみてほしい。この想像上の悪魔は、2＋3＝5の答えが何度、計算しても6になるように見せかけることができる。あなたは悪魔の仕業だと気づかない。何も知らずに足し算を続ける。すべてが正常に思える。

これが現在起こっていることではないと証明するのは簡単ではない。この残酷で賢い悪魔は、わたしが家でノートパソコンのキーを叩いているという幻《まぼろし》をわたしに見せているかもしれない。わたしは実際には、南フランスのビーチで寝そべっているのかもしれないのだ。あるいは、わたしはその悪魔の研究室の棚に置かれた瓶のなかで液体に浸かった脳にすぎないのかもしれない。悪魔はわたしの脳にコードを埋め込んで電気信号を送り、わたしがいまやっていることとは別のことをやっているような気にさせているのかもしれない。悪魔はわたしが意味のある言葉をパソコンのキーで打ち込んでいると思わせて、その実、わたしは同じ文字を何度も打っているだけなのかもしれない。それを知ることはできない。そんなことは起こっていないと証明するのは不可能だ。たとえどんなに馬鹿馬鹿しく思えても。

デカルトは、この悪魔の思考実験によって疑いを極限まで押し進めた。悪魔がわたしたちを欺いていないと確信をもてるものがひとつあるとすれば、驚くべきことだ。確かだと言えるものなど何もないと主張する人々に対する反論にもなる。

次にデカルトが行ったことは、哲学でもっともよく知られる言葉につながった。とはいえ、その言葉を知っていても、意味を理解していない人は多いだろう。デカルトは、悪魔が自分を欺いていたとしても、悪魔が欺いているならば、自分が存在しているにちがいないという考えに至ったのだ。デカルトが思考しているのであれば、デカルトは存在していなければならない。デカルトが存在していないのであれば、悪魔はデカルトに、デカルトが存在していると信じ込ませることはできない。なぜなら、存在していなければ、思考することができないからだ。「**われ思う、ゆえにわれあり**（ラテン語ではcogito ergo sum）」が、デカルトの出した結論だった。わたしは思考しているのだから、存在しているはずだ。あなたについても考えてみよう。あなたが何かを考えたり、感じたりしているかぎり、あなたの存在を疑うのは不可能だ。あなたが誰か、というのはまた別の問題であり、身体、つまり目に見え、手で触れられる身体があるかどうかについては疑いようがある。だが、何らかの思考をする者として存在することは疑いようがない。それを疑えば自己論駁《ろんばく》に陥る。自分自身の存在を疑えば、疑うことによって自分が思考する存在であるのを証明するからだ。

大したことがなさそうに思えるかもしれないが、自分が確実に存在しているということはデカルトにとってとても重要だった。すべてを疑うピュロン的懐疑論者が間違っていることが明らかになったのだ。これはデカルトの**二元論**として知られる考え方の始まりでもあった。二元論では、心と身体は別のもので、互いに影響し合うものとされる。二元論というのは、2種類のもの、つまり心と身体のことである。20世紀の哲学者ギルバート・ライルはこの見方を、機械のなかの幽霊という神話だとして馬鹿にした。まるで、わたしたちの身体が機械で、魂はその機械に住む幽霊ではないか、と。一方、デカルトは、心は身体に影響を与えることができ、その逆も可能だと信じた。なぜなら、心と身体は脳の松果体で作用し合うと考えたからだ。だが、この二元論には大きな問題が残された。非物質的なもの、つまり魂または心が、物質的なもの、つまり身体に変化を及ぼすのをどう説明するか。

デカルトは、身体よりは心の存在について確信していた。身体がないのは想像できたが、心がないことは想像できなかった。心がないことを想像したとしても、そう考えているのだから、心はあると証明される。もし心がなければ、考えることはできない。身体と心は別のものであり、心あるいは霊魂は血や肉や骨からできていない非物質的なものだというのは、信仰心ある人々にとっては一般的な考え方だ。多くの人は身体が死んでも、心や霊魂は生き続けてほしいと願っている。

もっとも、思考が存在の証明だと言ったところで、疑いを論破するには不十分だった。デカルトは哲学的な内省から生まれる疑いの渦から逃れるために、さらなる確信を必要とした。善なる神が存在することは証明できた。聖アンセルムスの存在論的証明（8章）と同じ手法によって、神の概念によって神の存在を証明した。神が善であり、存在するのでなければ神と言えないのは、内角の和が180度でないかぎり三角形が三角形でないのと同じだ。また、トレードマーク論証と呼ばれるもうひとつの主張によって、デカルトは次のように示した。わたしたちは神が存在すると知っている。なぜなら神がわたしたちの心に神という概念を植えつけたからだ。神が存在しないなら、わたしたちには神という概念がなかったはずだ。神が存在すると確信してからは、思考の構築はずっと楽になった。善なる神は基本的なことについて人間を裏切らないだろう。そこで、世界は、おおむね、わたしたちが経験するとおりのものであるはずだ、と考えた。はっきりと認知できるかぎり、その経験は信頼できる。デカルトが導いた結論は次のようなものである。世界は存在する。そして、その世界は、わたしたちがときおり知覚したものを誤解することがあっても、多かれ少なかれ、見た目のとおりだ。一方、哲学者のなかには、これは希望的観測で、デカルトの言う悪魔は、神の存在について、2＋3＝5とまったく同じように難なくデカルトを欺いているかもしれない、と考える者もいる。しかし、善なる神の存在を確信できなければ、デカルトは、みずからが考える存在であるという以上には思索を進めることができなかっただろう。デカルトは懐疑論から抜け出す方法を示したと信じた。だが、デカルトの批判者は、いまだにこれについて懐疑的だ。

デカルトは存在論的証明とトレードマーク論証を用いて、神の存在を自分自身が納得できる形で立証した。デカルトと同胞のブレーズ・パスカルは、人が何を信じるべきかという問いについて、まったく異なる手法を用いた。

Chapter 12

賭けてみよ

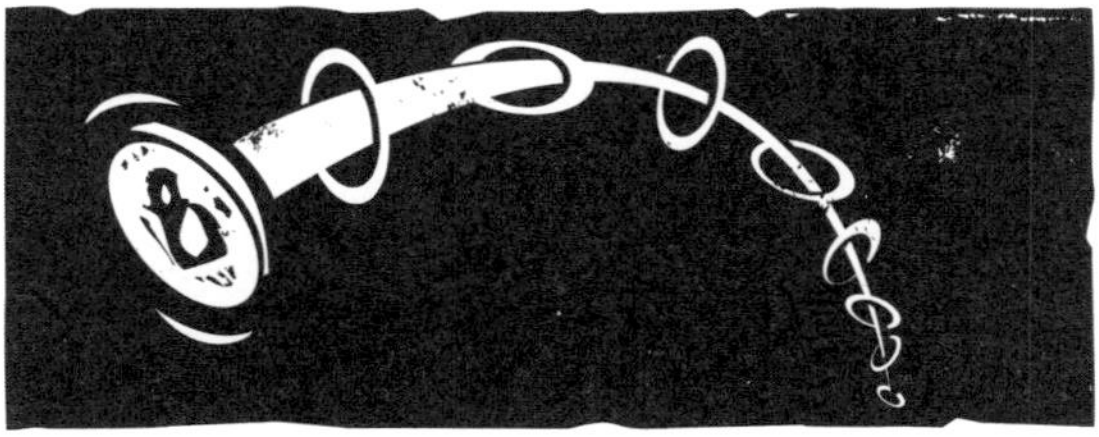

コインを放り投げると表か裏が出る。コインに偏りがないかぎり、どちらのチャンスも五分と五分。表が出るか、裏が出るか。どちらも同じ確率で出るのだから、どちらに賭けてもたいした問題にはならない。では、神が存在するか否かではどうだろう。コイントスに似ていないだろうか。神が存在しないほうに賭けて、好きなように生きるか。それとも、神の存在が本当である確率がとても低いとしても、神が存在しているとして生きるのがより合理的だろうか。神の存在を信じていた**ブレーズ・パスカル**（1623〜1662）はこの問いを真剣に考えた。

パスカルは敬虔なカトリック教徒だった。だが、こんにちのキリスト教徒の多くとは異なり、人間に関してとても悲観的な見方をした。「堕罪」〔罪を犯して罪人に落ちること。後述のアダムとイブの背負った原罪が以後の人類全体に引き継がれるようになったことも意味する〕の形跡を見るたびに、人間に欠点があるのは、アダムとイブが神の信頼に背いて「知恵の木」からリンゴを食べたせいだと考えた。アウグスティヌス（6章）と同じように、人間は性的欲望に動かされやすく、信頼に値せず、飽きっぽいと思っていた。誰もが惨めで、不安と絶望に苦しんでいる。人間がいかにちっぽけな存在かをわたしたちは認めるべきだ。生まれてくる前と死んだ後の長い時間に比べれば、わたしたちがこの世にいる短い時間などとるに足らないものだし、それぞれが無限の宇宙にほんのちっぽけな場所を占めているにすぎない。だが、その一方で、神を見失わないなら人間にも可能性がある、とパスカルは信じた。わたしたちは獣と天使の中間のようなもので、おそらく、ほとんどどんなときも、どんな場合も獣にずっと近いのだろう。

著書『**パンセ**』はパスカルが書いた断章を編纂したもので、39歳の早すぎる死後、1670年に出版された。美しい文章で綴られた断片的な記述をパスカルがどのようにまとめるつもりだったのかはわからないが、要点は明確だ。キリスト教の擁護である。未完のまま死んでしまったために、断章の順序はパスカルが紐《ひも》でくくった原稿の束にもとづいて分類され、ひとつの束がひとつの章になっている。

パスカルは病気がちな子供で、大人になっても身体が丈夫ではなかった。肖像画ですら病気のように見える。うるんだ目は悲しそうだ。しかし、短い人生において多くを成し遂げた。若い頃、父親に励まされ、科学者として真空についての研究や、気圧計の製作に取り組んだ〔こんにち圧力・応力の単位として使用される単位「パスカル」はこれら業績や圧力に関する「パスカルの原理」の発見を受けて名付けられている〕。1642年に、複雑な歯車がついたダイヤルを鉄筆で回して足し算や引き算ができる、機械式計算機を発明した。父親が仕事で計算するのを助けるためにつくられたものだ。「パスカリーヌ」と呼ばれるこの計算機は、靴箱ぐらいの大きさで、不格好だったがよく機能した。問題は製作に費用がかかることだった。

パスカルは、科学者であり発明家であると同様に、すぐれた数学者でもあった。「確率」について独創的な理論をもっていた。パスカルの名は、宗教的哲学者であり、著作家としてこれからも記憶されることになるだろうが、パスカル自身は哲学者と呼ばれるのを好まなかった。著作には、哲学者がほとんどものを知らないことや、彼らの考えは重要ではないという指摘が多い。パスカルは自分を神学者と捉えていた。

パスカルは、若いとき、**ヤンセン主義**（ジャンセニスム）として知られる論争好きな宗教の一派に改宗したのち、数学や科学の研究ではなく、宗教についての執筆に取り組むようになった。ヤンセン主義者は、わたしたちには自由意志がなく、天国へ行けるのは、運命、すなわち神によって決められたわずかな人だけだと信じた。また、非常に厳格な生き方をした。パスカルは、妹が自分の子供を抱いてあやすのさえ叱った。感情を表に出すのをよしとしなかったからだ。晩年は、修道士のような生活を送り、死に至る病の痛みにも耐えて執筆を続けた。

パスカルと同じように敬虔なキリスト教徒であり、科学者であり、数学者であったルネ・デカルト（11章）は、神の存在を理論によって証明できると信じた。パスカルは逆に、神を信じるのは心と信念の問題だと考えた。神の存在について哲学者が用いる論証に納得がいかなかった。たとえば、自然界に神の手の存在の証拠を見ることができると言われても、確信がもてない。人を神に導くのは頭ではなく、心だと考えた。

とはいっても、パスカルは著書『パンセ』において、神が存在するかどうかわからないとする人たちに神の存在を納得させるための論理を提供している。「**パスカルの賭け**」として知られるようになったその論理は「確率」に対する彼の興味が活かされている。もし、あなたがギャンブル依存症ではなく、論理的に賭けをするなら、大きな勝ちを得られる最大のチャンスを狙うと同時に、損失はできるだけ小さく抑えようとするだろう。賭けをする人は、基本的に確率を計算し、それに従って賭ける。では、神の存在に賭ける場合はどうだろうか。

神が存在するか否かが確かでない場合は、多くの選択肢がある。神は絶対に存在しないと考えて生きることもできる。神が存在しないなら、来世があることも想像せずにすむし、罪深さのあまり天国に行けそうにないと悩む必要もない。教会で存在しない者に祈りを捧げて、時間を無駄にすることもないだろう。だが、利点はあるものの、その考え方は大きなリスクを伴う。もし、神が実際に存在したら、天国で無上の喜びを得られないばかりか、地獄に落ちて永遠に拷問を受けることになるからだ。これは想像しうる最悪の結果である。

パスカルが提案するのは、神が存在すると考えて生きる選択だ。祈りを唱え、教会へ行き、「聖書」を読む。神が本当に存在すれば、最大の褒美、すなわち永遠の至福を得られる可能性がある。神を信じるという選択が間違っていたとしても、たいした損失にはならない（死んでしまえば、選択が間違っていたせいで、時間や労力を無駄にしたと嘆くこともない）。「賭けに勝てばすべてを得られるし、賭けに負けても失うものはない」とパスカルは述べている。名誉や贅沢といった「俗物的な喜び」はあきらめることになるかもしれないが、誠実で、正直で、謙虚で、寛大な良き友人として、嘘をつかず、感謝に満ちた生涯を送れるだろう。しかし、誰もがそのように考えられるわけではない。おそらく、パスカルは信心深い生活を送っていたために、無神論者の多くは、宗教に人生を捧げることや非現実的にも思える信仰生活を送ることを犠牲的行為だと考えるのに気づかなかったのだろう。それでも、一方の選択肢は、もし正しければ永遠の喜びを得られるチャンスがあるし、間違っていても、わずかながらに不自由で非現実な生活を受け入れればいい。もう一方の選択肢は、地獄へ落ちるリスクがあるばかりか、得られるものは、永遠の生を天国で生きることと比べて、ごく小さなものだ。

神が存在するか否かの論争で、どっちつかずの態度をとることもまたできない。パスカルの見解によれば、その結果は、神が絶対に存在しないと信じることと同じになる。つまり、地獄へ落ちるか、あるいは、少なくとも天国へ行けなくなる。選択をしなければならない。だが、いくら考えても神が存在するかどうかはわからない。どうしたらいいだろうか。

答えは明らかだ、とパスカルは述べている。もし論理的に賭け、冷静な目で「確率」を見るなら、コイントスと同じで、正しい選択に賭ける可能性は大きくないのだから、神が存在するほうに賭けるべきだ。勝てば無限のものが得られ、負けたとしてもほとんど何も失わない。論理的に考えれば、神の存在に賭けるしかないだろう。神の存在に賭けたのに、神が存在せずに損をするリスクはある。しかし、リスクはどのみち、負わなければならないのだ。

だが、この論理が理解できても、神の存在を感じられなければどうしたらいいだろうか。事実ではないと思うことを、自分自身に事実だと信じ込ませるのは本当に難しい（たぶん不可能だろう）。たとえば、タンスに妖精が住んでいると信じられるだろうか。想像して遊ぶことはできるかもしれないが、本当にそれを信じているわけではないだろう。わたしたちは事実だと思うことを信じる。それが信じるということだ。となれば、神の存在を疑う無神論者は、どうやって神を信じればいいのだろうか。

パスカルにはそれに対する答えがあった。まず、神の存在を信じるのが自分のためになると考え、次に神が存在することを納得できる方法を見つけて信仰をもつ。すでに神を信じている人を見習えばいい。教会へ行き、彼らがしていることをする。聖水を戴《いただ》き、聖体を授かる。やがて、ただの真似ではなく、実際に彼らと同じように、信じ、感じるようになるだろう。そうすれば永遠の命を得て、永遠の拷問のリスクを避ける可能性をもっとも高めることができるのだ。

パスカルの論理に納得できない人もいるだろう。まず、明らかな問題のひとつは、もし神が本当に存在するなら、神は、もっとも安全な賭けだからという理由で神を信じる人々を、あまり好意的には見ないにちがいないということだ。そういった理由で神を信じるのは間違っているのではないだろうか。どんなことをしてでも自分の魂を救おうとしているだけで、きわめて利己的である。神は、そういう理由で賭けをする人を、天国に迎えないというリスクがあるかもしれない。

もうひとつの問題は、間違った宗教、間違った神を選んでいるかもしれない可能性が考慮されていないことだ。パスカルが示しているのは、キリスト教の神を信じるか、信じないかの選択である。しかし、信者に永遠の喜びを約束する宗教はほかにもたくさんある。もし、そうした宗教のひとつが正しいとすれば、パスカルに従って神の存在に賭けたキリスト教信者は、神を拒絶した人々と同じように、天国の無限の幸福とは無縁になる。もし、その可能性について考えたなら、パスカルは、人間についてさらに悲観的になったかもしれない。

パスカルは聖書に描かれている神を信じた。一方、バルーフ・スピノザは、神についてまったく異なる見解をもっていた。そのため、無神論者だと疑われた。

Chapter 13

レンズ磨き職人

たいがいの宗教では、神は世界の外、おそらく天上にいると教えている。ところが、**バルーフ・スピノザ**（1632〜1677）は神こそが世界だと考えた。スピノザの主張である「**神即自然**」は、この2つの言葉が同じであることを示している。神と自然は1つのことを説明する2つの方法なのだ。神は自然であり、自然は神である。これが神は万物であるとする**汎神論**の考え方だ。この急進的な主張によって、スピノザは多くの面倒に巻き込まれた。

　スピノザはポルトガル系ユダヤ人の息子として、アムステルダムで生まれた。当時、アムステルダムは宗教上の迫害を逃れようとする人々が多く集まっていた。とはいえ、どんな意見でも自由に表明できたわけではない。スピノザはユダヤ教徒として育ったものの、1656年、24歳のときにラビ〔ユダヤ教における宗教的指導者〕によってシナゴーグ〔ユダヤ教の会堂〕から破門され、追放された。おそらく、スピノザの神についての見解が、正統から逸脱するものだったからだろう。スピノザはアムステルダムを去り、後にハーグに落ち着いた。このときからユダヤ名バルーフではなく、**ベネディクト・デ・スピノザ**として知られるようになった。

幾何学に魅了される哲学者は多い。古代ギリシャのエウクレイデス（ユークリッド）は、さまざまな幾何学の仮定を、いくつかの単純な公理や前提から結論へと導いて証明した。三角形の内角の和は１８０度であるというがその例のひとつだ。共通の見解を出発点として、そこから慎重に論理を進め、驚くべき結論へと導く幾何学の手法を、哲学者は高く評価する。前提が正しければ、結論も正しいにちがいない。こうした幾何学的論理はルネ・デカルトとトマス・ホッブズに影響を与えている。

スピノザは幾何学を賞賛しただけでなく、哲学をあたかも幾何学であるかのように記した。著作『**エチカ**』における「**証明**」は、まるで幾何学的証明のように、仮説や定義を示し、幾何学と同様に、厳格に論じたとされる。だが、三角形の角度や円周ではなく、神、自然、自由、感情が論点だった。スピノザはこうした主題を三角形や円や四角形を論じるのと同じ方法で、分析し、論じることができると感じたのだ。章末を「ＱＥＤ」（幾何学で「証明された」という意味で使われる）という言葉で結んでさえいる。世界やわたしたちがいる場所には、基礎となる構造的な論理があり、それは論証によって明らかにできる。偶然によって存在するものなどない。あらゆるものに目的と原理があり、すべてが巨大なひとつの体系にまとめられている。これを理解するのに必要なのは思考力だ。スピノザはそう考えた。こうした哲学の手法は、実験や観察よりも論証を重視しているので、しばしば**合理主義**と呼ばれる。

スピノザはひとりでいるのを楽しんだ。学問をする時間と心の安定を得られるのはひとりでいるときだった。また、神についての見解を考慮すれば、公的な機関に属するより、ひとりでいるほうが安全だった。著書『エチカ』がスピノザの死後に出版されたのも、同じ理由からだ。生前から独創的な思想家としての評判が広まっていたものの、スピノザはハイデルベルク大学教授への誘いも断っている。しかし、訪ねてきた思想家たちと、持論について意見を交わすのは楽しんだ。そういった人たちのなかに、哲学者であり数学者でもあるゴットフリート・ライプニッツもいた。

スピノザは家をもたず、下宿部屋を転々として質素に暮らした。お金はあまり必要でなく、レンズ磨き職人としての稼ぎと、哲学の著作を認めて称えてくれる人からのささやかな金銭的援助で何とかやっていくことができた。スピノザがつくるレンズは、望遠鏡や顕微鏡のような科学機器に使われた。ひとりでも、自分の部屋でもできる仕事だったが、残念ながら、それが肺の病で44歳の短い生涯を終える一因になったのかもしれない。レンズを磨くときに出るガラスの塵を吸ったせいで、肺を痛めたのだろう。

スピノザはこう論じている。神が無限であるなら、神でないものは存在しえないことになる。神でないものがこの宇宙にあるなら、神は理論的にほかのものと同様に有限であることになり、無限でないことになる。しかし、わたしたちはすべて神の一部分である。石も、アリも、草の葉も、窓も、神の一部である。万物が極めて複雑にまとめあげられているが、すべてがひとつのもの、すなわち神の一部である。

伝統的に信者は、神は人間を愛し、1人ひとりの祈りに応えてくれると説いた。これは神の**擬人化**であり、人間ではない神に、思いやりなどの人間的特質をあてはめている。たとえば、神を、豊かなひげを蓄え、やさしい笑みを浮かべた情け深い男性として描くことさえある。だが、スピノザの神はそういったものとは異なり、人格をもたず、ものにも人にも関心がない。スピノザは、神を愛することはできるし、そうするべきだが、見返りの愛を期待してはならないと言う。それは自然を愛するものが、見返りに自然に愛してもらいたいと求めるのと同じである。スピノザが描く神が、人間や人間のすることにあまりに無関心なため、多くの人はスピノザが神を信じておらず、汎神論は隠れみのだと考えた。スピノザは無神論者であり、宗教を否定しているとみなされたのだ。神が人間のことなど考えていないというのは、無神論でしかありえない。だが、スピノザは、理性によって神を愛した。それは論証によって得られた深い理解にもとづく愛だった。ところが、世間一般に受け入れられている宗教ではなかった。シナゴーグがスピノザを破門したのはおそらく正しかったのだろう。

スピノザの自由意志に関する見解も議論の的になった。スピノザは決定論者だった。つまり、人間の行動はすべてそれ以前の原因の結果であると信じた。空中に投げられた石は、もし人間のように意識があるとしたら、みずからの意志で動いているのではないのに、そうしていると思うだろう。だが、実際に石を動かしているのは、投げた力と重力の影響だ。だが、石は、重力ではなく、自分が動きをコントロールしていると感じる。人間も同じだ。わたしたちは何をするかを自由に選択し、みずからの人生をコントロールしていると思っている。だが、それは、わたしたちの選択や行動がどのように起こるかを理解していないからだ。つまり、自由意志など幻想である。自発的な自由などないのだ。

スピノザは決定論者だったものの、人間の自由は限られた範囲では可能かつ望ましいと信じた。最悪なのは隷属状態にあること、すなわち感情に支配されることだ。たとえば、悪いことが起こるとか、誰かに侮辱されるとかして、カッとなり、憎しみにとらわれるときがある。そのとき、わたしたちは受動的存在になる。起こったことにただ反応しているのだ。外的出来事によって怒りが引き起こされ、それを抑えることができずにいる。こうした事態から逃れるには、行為を導く原因、すなわち何が怒りを引き起こすのかをよく理解する必要がある。スピノザは、感情が外的出来事ではなく、自分自身の選択によって生まれるのがもっとも良いとした。こういった選択は完全に自由ではないものの、受動的であるよりも、能動的であるほうがはるかにいい。

スピノザは典型的な哲学者だった。進んで論争の的となり、必ずしも誰もが聞きたいとは思っていない考えを提唱し、みずからの見解を論証によって擁護した。著作をつうじて、強く反発する読者にも影響を与え続けた。神すなわち自然であるという信念は、当時はあまり理解されなかったが、没後、著名な信奉者を持つことになった。そのなかに、ヴィクトリア時代の小説家で『エチカ』の翻訳をしたジョージ・エリオットや20世紀の物理学者**アルベルト・アインシュタイン**がいる。アインシュタインは、人間的な神を信じることはできないが、スピノザの神は信じると手紙で明かしている。

これまで見てきたように、スピノザの神は人格や人間的な性質をもたず、それゆえ人間の罪を罰することもない。スピノザと同じ年に生まれたジョン・ロックは、また違う考え方をした。人格同一性についての議論は、最後の審判で何が起こるかに関する問題に端を発したものだとも言える。

Chapter 14

王子と靴直し

赤ん坊の頃、あなたはどんな子だっただろう。当時の写真があれば、見てみるといい。何が写っているだろうか。それは本当にあなただろうか。たぶん、いまのあなたとはずいぶん違うだろう。自分が赤ん坊だった頃のことを思い出せるだろうか。たいていの人は思い出せないだろう。時がたつにつれ、わたしたちは変化する。成長し、発達し、成熟し、衰え、いろいろなことを忘れていく。皺が増え、髪が白くなったり、抜け落ちていったりする。考え方、友人、服装の好み、優先順位が変わる。では、何をもって、年をとったあなたが赤ん坊の頃のあなたと同じ人物だと言えるのだろうか。何をもってある人が時を経ても同一人物であると言えるか、という問いは、イギリスの哲学者**ジョン・ロック**（1632〜1704）をずいぶん悩ませた。

ロックは、多くの哲学者がそうであったように、さまざまなことに関心をもった。友人のロバート・ボイルやアイザック・ニュートンの科学的な発見に夢中になったり、政治に関わったり、教育論を執筆したりした。イングランド内戦の直後、復位したばかりの王チャールズ2世の殺害を計画したとして告発されたとき、オランダに逃れた。それ以降は宗教的寛容論を擁護し、拷問によって改宗を強要するのは不合理だと主張した。人間は、生命、自由、幸福、財産に関する権利を神から授かったとするロックの考え方は、アメリカ合衆国憲法を制定した建国の父たちに影響を与えた。

ロックが赤ん坊の頃の写真や絵はない。だが、おそらく成長するにつれ、かなり変わったにちがいない。中年のロックは、やせこけ、鋭い目つきに乱れた長い髪といった風貌だった。赤ん坊の頃はまったくちがっただろう。生まれたばかりの赤ん坊の心はまっさらだとロックは言う。赤ん坊は生まれたときは何も知らず、**経験**によってすべての知識を得る。赤ん坊だったロックは若き哲学者となり、さまざまな考えを身につけ、現在わたしたちが知るジョン・ロックになった。だが、それが赤ん坊の頃のロックと同じであると何をもって言えるのか。また、中年のときのロックが若き日のロックと同じだと何をもって言えるのだろうか。

この種の問題は、人間が過去とのつながりについて考えるときにだけ生じるわけではない。靴下についてでさえ、同じ問題が起こりうるとロックは気づいた。穴の開いた靴下があり、その穴に継ぎはぎをしてふさぎ、また穴が開いて継ぎはぎをすると、最後には、継ぎはぎだらけで、元の生地がまったく残らない靴下になるかもしれない。それでも同じ靴下と言えるだろうか。ある意味ではそう言えるかもしれない。元の靴下と継ぎはぎだけになった靴下とのあいだには連続性があるからだ。だが、別の意味では同じ靴下と言えない。元の生地がどこにもないからである。あるいは、1本のオークの木について考えてみよう。オークの木はドングリから育ち、毎年、葉を落とし、大きくなり、枝を落とし、それでも同じオークの木のままだ。そのドングリはその苗と、そしてその苗は大きくなったオークの木と同じものなのだろうか。

何をもってある人が時を経ても同一人物だと言えるか、という問題を解くカギのひとつは、わたしたちが生き物であるのを示すことだ。あなたは、動物として赤ん坊の頃と同一だ。ロックは「人という動物」を指して「人間（man：この場合、男性または女性）」という言葉を使った。わたしたちそれぞれが、生涯をとおして、同一の「人間」であり続けるのは事実だと考えた。人生をとおして成長していく人間には連続性がある。しかし、ロックにとって同じ「人間」であることと同じ人格であることはまったく別だった。

ロックによれば、同じ「人間」でも、人格は以前と同じではないという。同じはずがない。わたしたちが時を経ても同じ人格かどうかは、わたしたちの意識、自分自身に対する認識によるとロックは主張した。あなたが思い出せないものは、人格としてのあなたの一部ではない。これを説明するため、ロックは、靴直しの記憶をもって目覚めた王子と、王子の記憶をもって目覚めた靴直しがいると仮定した。王子はいつもどおりに自分の宮殿で目覚め、傍目には眠りについたときと同じ人格に見える。だが、王子は自分を靴直しだと感じている。自分は王子ではなく靴直しだという記憶があるからだ。ロックは、王子が自分を靴直しだと感じるのは正しいと主張する。身体的な連続性は決め手にはならない。人格の同一性の問題で重要なのは、精神的連続性だ。王子の記憶があれば、あなたは王子である。靴直しの記憶があれば、たとえ身体が王子のものであっても、靴直しだ。靴直しが罪をおかしたなら、王子の身体をもつ靴直しが責めを負うべきだ。

もちろん、普通はそんなふうに記憶が入れ替わったりはしない。ロックは思考実験によって自分の主張を示したのだ。それでも、1人以上の人格が1つの身体に宿るのは可能だと言う人もいる。それは解離性同一障害として知られる病気で、複数の人格が1人の人間のなかに存在するように見えるものだ。ロックはこの可能性を予期し、2つの完全に独立した人格が1つの身体に宿ることを想像した。一方は日中に顔を出し、もう一方は夜にだけ現れる。ロックによれば、2つの人格が互いに通じ合っていなければ、2人は別の人間だという。

ロックにとって、人格同一性の問題は道徳上の責任と密接に関わっていた。神は、記憶のある罪についてのみ人を罰するとロックは信じた。悪事を働いたのをもはや覚えていない人は、その罪をおかした人格と同じ人格ではない。当然ながら、人は日常において、何を覚えているかについて嘘をつくものだ。よって、自分のしたことを覚えていないと主張しても、裁判では簡単には放免されない。しかし、神はすべてを知っているので、誰が罪の報いを受けるべきで、誰が受けるべきでないかを見分けられる。ロックの見方から言えば、戦後ナチスの残党を追い続けたナチ・ハンターが、若い頃に強制収容所の警備をしていた老人を追い詰めたとしても、その老人が責めを負うべきは思い出せることについてのみであり、ほかについては罪に問われるべきではないということになる。たとえ通常の法廷で有罪になったとしても、神はその老人が忘れてしまった行為について罰することはないだろう。

人格同一性に対するロックの姿勢は、同時代の人々の一部を悩ませた問題に対する答えも与えた。問題とは、天国に行くためには元の身体で生き返る必要があるのかどうかということだ。もし、その必要があるなら、人食いや野生動物に身体を食べられてしまったらどうなるのか。どうやってばらばらになった身体を元に戻して死から蘇ればいいのか。人食いに食べられてしまったら、その一部は人食いのものになってしまう。どうすれば人食いの一部になった部分と人食いが食べ残した部分の両方を復活させられるのか。ロックは、死後の世界では、身体が同じであるよりも人格が同じであることが重要だと説いた。ロックの目から見れば、同じ記憶があれば同じ人格である。たとえその記憶が別の身体に取り込まれたとしても。

つまり、ロックによると、あなたは写真の赤ん坊とおそらく同じ人格ではないという結論になる。同じ個人だとしても、赤ん坊だった頃を思い出せないかぎり、同じ人格とは言えない。あなたの人格同一性が保たれるのは記憶があるところまでだ。年をとって記憶が薄れていくにつれて、人格同一性が保たれる範囲は縮小する。

人格同一性の基準を、意識できる記憶とするのは少しいきすぎだと感じる哲学者もいる。18世紀、スコットランドの哲学者トマス・リードは、人格に関するロックの考え方の弱点を示す例を思いついた。ある老兵士は、自分が若い士官だった頃、いかに勇敢に戦ったかを覚えている。そして、若い士官だった頃は、少年時代にリンゴを果樹園から盗んで殴られたのを覚えていた。だが、この少年時代の出来事を、老兵士はもはや思い出せない。このように部分的にでも記憶が重なれば、老兵士と少年は同一人格だと言えるのではないだろうか。トマス・リードは、老兵士が少年と同一人格なのは明らかだと考えた。

しかし、ロックの理論では、老兵士は若い勇敢な士官と同一人格だが、かつて殴られた少年とは同一人格でないことになる（老兵士はその出来事を忘れているから）。その一方で、ロックの理論によれば、若い勇敢な士官は少年と同一人格だ（若い士官の頃は果樹園で盗みをしたのを思い出せたから）。これにより滑稽な結論が導かれる。老兵士は若い勇敢な士官と同一人格で、若い勇敢な士官は少年と同一人格だが、老兵士と少年は同一人格ではない。論理的に破綻している。まるで、A＝BかつB＝Cだが、A＝Cではない、と言っているようなものだ。人格の同一性は、ロックが考えたような完全な記憶ではなく、部分的に重なる記憶を拠りどころとしているのだろう。

哲学者としてのロックの影響力は、人格同一性に関する議論をはるかに超えたところにまで及ぶ。ロックは大作である著書『**人間知性論**』（１６９０）で、世界はわたしたちの観念の表れだが、世界が自分に見えるとおりであるのは一部分にすぎないという見解を唱えている。これに刺激を受け、ジョージ・バークリーは、実体に関する想像力に富んだ独自の説明を考えついた。

Chapter
15

部屋のなかのゾウ

　こんな疑問をもったことはないだろうか。冷蔵庫のドアを閉めたとき、本当になかの明かりは消えて、それを誰も覗けないのだろうかと。一体どうすれば消えたとわかるだろうか。遠隔操作できるカメラを取りつけるという手があるかもしれない。だが、カメラの電源を切ってしまったらどうなるだろう。森のなかの、誰にも聞こえないところで木が倒れた場合はどうだろうか。そのとき、木は本当に音を立てるのか。あなたがいない寝室が、あなたが見ていないあいだ、ずっとそこにあるとどうして言えるだろう。あなたが外に出るたびに寝室は消えているかもしれない。誰かに頼んで、消えていないことを確かめてもらったほうがいい。難しいのはここだ。誰も見ていなくても、寝室はずっと存在し続けるのだろうか。こういった疑問に対する答えは明確ではない。たいていの人は、誰も見ていなくても物体は存在し続けると考え

る。それがもっとも簡単な説明だからだ。おまけに、たいていの人は、目に見える世界は、自分の心のなかだけでなく、心の外に存在しているものだと信じている。

アイルランドの哲学者で、クロインの主教になった**ジョージ・バークリー**（1685〜1753）によれば、誰にも見られなくなったものは存在しなくなる。あなたが読んでいる本は、誰も知覚しなければ、もう存在しないのだ。目に見え、ページに触れられる本を見ているときも、バークリーにとっては、あなたが本を見る経験をしているだけということになる。その経験の要因が、外の世界にあることにはならない。本は、あなたやほかの人々の心（そして、おそらく神の心）にある**観念**〔人間が意識の対象に対してもつ主観的な像。日本ではプラトンの述べた「イデア」の訳語として用いられることも多いが、プラトンの言うイデアとは意味が異なる〕の集まりにすぎず、心の外にあるものではない。バークリーにとって、外の世界に関するあらゆる概念はまったく不合理なものだった。こういったバークリーの考えは常識に逆らっているように思える。わたしたちのまわりには、誰かが知覚しようがしまいが関係なく存在し続けるものがあるのではないだろうか。だが、バークリーは、そうではないと言う。

最初にこの理論が提唱されたとき、当然ながら、たいていの人は、バークリーが気が変になったのだと思った。哲学者たちがこの主張を真剣に受けとめ、意図を理解したのは、バークリーが死んでからだった。同時代のサミュエル・ジョンソンは、バークリーの理論を聞いたとき、路上で石を強く蹴ってこう言い放った。「このとおり、わたしはその理論を拒絶する」。物体は現に存在するし、観念だけでできているわけではない。蹴ったとき、つま先に石の硬さを感じた。だからバークリーは間違っている、というのがジョンソンの意見だ。だが、バークリーはジョンソンが思ったよりもずっと聡明だった。石の硬さを足に感じたからといって、物体が存在する証拠にはならない。ただ、硬い石という観念が存在する証拠でしかない。バークリーにとって、わたしたちが石と呼ぶものは、感じた知覚にすぎないのだ。その背後には、足の痛みを生じさせる石という「**実体**」はない。そもそも、わたしたちの観念の背後には何の実体もないのである。

バークリーは、ときに**観念論者**と呼ばれたり、**非物質論者**と呼ばれたりする。観念論者と呼ばれるのは、存在するものはすべて観念だと考えたからだ。非物質論者と呼ばれるのは、物質、すなわち物体の存在を否定したからである。本書で論じられている多くの哲学者と同様に、バークリーは目に見えるものと実体の関係に強い関心を寄せた。哲学者の大半はその関係を誤解しているとバークリーは考えた。とくに、ジョン・ロックの思考と世界の関係についての考えは間違っていると主張した。バークリーの考え方は、ロックの考え方と比較するとわかりやすいだろう。

ロックは、わたしたちがゾウを見るときゾウそのものを見ているのではない、と考えた。ゾウだと思って見ているものは表象《ひょうしょう》、すなわち、心のなかにある観念であり、ゾウという概念である。ロックは、わたしたちが思い浮かべたり、知覚したりできることすべてに「観念」という言葉を使った。灰色のゾウを見たとしても、灰色がゾウの色とは言えない。なぜなら、別の光のもとでは、別の色に見えるからだ。ゾウの灰色を、ロックは「**第二性質**」と呼んだ。ゾウの特性とわたしたちの知覚器官、つまりこの場合は、目の特性とが相まって生み出されるものだからである。ゾウの皮膚の色、質感、糞のにおいなども第二性質だ。

ロックは**第一性質**、たとえば大きさや形などが、世界にある物の本当の特徴だと言う。第一性質の観念はそれらの物体と類似している。四角い物体が見えるなら、その観念をもたらす実物も四角い。だが、赤い四角が見えるなら、そう知覚させる実物は赤くはない。実物には色がない。色の感覚は、物体がもつ微細な質感と、わたしたちの視覚の仕組みとの相互作用から生まれるとロックは考えた。

とはいえ、ここには重大な問題がある。ロックは、世界が外にあると考えた。科学者は世界について説明しようとするが、わたしたちは世界を間接的にしか理解できない。ロックは、実体の世界の存在を信じるという意味で、現実主義者だった。実体の世界は、知覚している人がいなくても存在し続ける。ロックにとっての難題は、その世界がどんなものか、ということだった。形や大きさのような第一性質の観念は、その実体を表すものだ。だが、なぜそう言えるのだろうか。ロックは、すべての知識の源は経験だと信じる経験主義者として、第一性質の観念が実体の世界と類似していると主張するための証拠をもっていたはずだ。だが、ロックの理論からは、世界がどういうものなのかをどうやって知ることができたのかがわからない。形や大きさのような第一性質の観念が、外の実体の世界の性質と類似していると、ロックはなぜ確信できたのだろうか。

バークリーの主張はより一貫している。バークリーは、ロックとは異なり、わたしたちは世界を直接、知覚していると考えた。世界とは観念でできたものにすぎないからだ。経験がそこにあるすべてだ。言い換えれば、世界とそのなかにあるすべては、わたしたちの心にだけ存在するのだ。

経験したり、思い浮かべたりすることすべて——椅子、テーブル、番号の3など——は、心のなかにしか存在しないとバークリーは考えた。物体は、わたしたちがもつ観念の集合にすぎず、それ以上のものではない。誰かが見たり聞いたりしなければ、物体は存在しなくなる。なぜなら、物体は人々（そして神）のもつ観念でしかないからだ。バークリーはこの斬新な見解を「**存在するとは知覚されること**（エッセ・エスト・ペルキピ Esse est percipi）」とまとめた。

というわけで、知覚しないかぎり、冷蔵庫の庫内灯は点灯せず、木は音を立てない。バークリーの非物質論からすれば当たり前の結論に思えるかもしれない。だが、バークリーは、物体が存在したり、しなくなったりを繰り返しているとは考えなかった。バークリーですら、それは変だとわかっていたのだ。そこで、神が、わたしたちの観念の連続性を担保していると信じた。神がつねに世界にある物体を知覚しているので、それらが存在し続けると考えたのである。

それは20世紀初期に書かれた一対の滑稽五行詩《リメリック》に表現されている。次の詩には誰も見なければ、1本の木が存在しなくなるという考え方が奇妙であることが強調されている。

昔ある男が言った。
「神はすこぶる奇妙に思うにちがいない
　もし、神が知れば

この木は存在し続ける
中庭には誰もいないのに」

これは確かに正しい。バークリーの理論のうち、もっとも受け入れがたいのは、誰もその存在を知覚しなければ木はそこに存在しないという部分だ。そこで、その解決策として神からの答えがある。

あなたの驚きはおかしなものだ
わたしはいつでも中庭にいる
だからその木が
そこに存在し続ける
なぜなら、神であるわたしが見ているからだ

バークリーにとって問題となったのは、わたしたちがなぜ間違えるかだ。わたしたちには観念しかなく、それ以上の世界がないのだとしたら、実体のある物と視覚的な幻との違いはどうすればわかるのだろうか。わたしたちが実体と呼ぶものと幻を経験したときの違いについて、バークリーは次のような答えを示している。すなわち、「実体」を経験した場合は、観念が互いに矛盾することはない。たとえば、水のなかにオー

ルが見えるとする。オールは水面との境目で曲がって見えるかもしれない。ロックのような現実主義者には、オールは曲がって見えるだけで、本当はまっすぐである。バークリーにとっては、わたしたちが曲がったオールという観念をもっていることになる。だが、それは水のなかに手を突っ込んでオールを触ったときにもつ観念と矛盾する。触ってみれば、オールはまっすぐだと感じるからだ。

バークリーは自分の非物質論を擁護するためにすべての時間を費やしたわけではない。それ以外にもやるべきことがあった。バークリーは社交的で人に好かれ、『ガリヴァー旅行記』の著者であるジョナサン・スウィフトなどと友人だった。晩年には、バミューダの島に大学を設立するという野心的な計画を練り、かなりの資金を調達した。残念ながら、計画は失敗した。バミューダが本土からどれだけ遠く、現地で物資を得るのがいかに難しいかをバークリーが認識していなかったせいでもある。だが、バークリーの死後、西海岸のある大学の名前がバークリーにちなんで名づけられた。カリフォルニア大学バークレー校だ。それは、アメリカ合衆国についてバークリーがある詩を書いたからだ。その詩に「帝国は西に向けて進路をとる」という一文があり、それが大学の設立者のひとりを惹きつけたのである。

非物質論よりさらに奇妙なのは、バークリーが晩年にタール水溶液を世に熱心に広めようとしたことかもしれない。その水溶液は、松材を乾留《かんりゅう》して採るタールと水からつくるアメリカの民間療法薬で、ほとんどすべての病に効くとされた。バークリーは、その水溶液を称える長い詩さえつくった。タール水溶液は、しばらくは人気だったし、穏やかな殺菌作用もあったため、軽い不調を癒す効果はあったのかもしれない。だが、いまでは当然ながら、あまり使われていない。バークリーの観念論はここでもまた受け入れられなかった。

バークリーは、たとえ一般常識を無視する結果になるように思えても、どこまでも論理に従う哲学者の例だ。対照的に、ヴォルテールにはこういうタイプの思想家、いや、ほとんどの哲学者に割く時間はほとんどなかった。

Chapter 16

すべての可能世界のうちで最善のもの？

あなたが世界をつくるとしたら、いまのような世界にしただろうか。たぶん、しなかっただろう。だが、18世紀に、この世界が、すべての可能な世界のうちで最善のものだと主張した人たちがいた。「在《あ》るものはすべて正しい」と、イギリスの詩人**アレキサンダー・ポープ**（1688～1744）は主張した。世界のすべては、理由があってこのようになっている。すべて神の御業《みわざ》であって、神は善であり、全能である。ものごとが悪いほうに進んでいるように見えても、そうではない。病気、洪水、地震、森林火災、干ばつなど、すべては神の計画の一部にすぎない。わたしたちの間違いは、大局を見ず、些事にとらわれることだ。一歩下がって、神の視点で万物を見ることができたら、それが完全無欠であること、1つひとつのピースがちゃんと収まり、悪のように見えていたものが実は大きな計画の一部であることがわかるだろ

う。

ポープだけがこうした楽観主義を唱えたわけではなかった。ドイツの哲学者**ゴットフリート・ライプニッツ**（1646〜1716）は、充足理由律〔どんなことにも、そうなる原因・理由があるという原理・概念。本章で扱っているライプニッツにより名付けられた〕を用いて同じ結論に達し、すべてのことに論理的な説明があるにちがいないと仮定した。神は、標準的な定義によると、あらゆる点で完璧であるため、万物をこのようにつくったすばらしい理由があるのだろう。成り行きに任せたものがあるはずがない。何においても完璧な世界はつくらなかった。完璧な世界をつくったら、その世界が神になっていたかもしれない。神こそ、存在する、あるいは存在しうるもっとも完璧なものなのだから。それでも神は、可能なかぎり、最善の世界をつくったにちがいない。この結果を生み出すのに必要な悪が、もっとも少ない世界だ。これ以上すぐれた組み合わせはなかったのだろう。最小限の悪を用いて、善が最大になるようにしたのだ。

ヴォルテールという名で知られるフランスの**フランソワ＝マリー・アルエ**（1694〜1778）は、そのようには考えなかった。すべてはうまくいっているということの「証明」に慰めを見出さず、哲学の体系と、すべての答えを手にしていると信じる思想家の類を深く疑った。劇作家であり、風刺家であり、作家であり、思想家であるヴォルテールは、はっきりと意見を述べることでヨーロッパ中に知られていた。ヴォルテールのもっとも有名な彫刻は、ジャン＝アントワーヌ・ウードンによるもので、口を固く結んだ微笑と、機知に富んだ勇敢なこの男の笑い皺を表現している。ヴォルテールは、言論の自由と宗教的寛容の擁護者であり、議論を好んだ。たとえばこう発言したとされている。「**あなたの主張には反対だが、そう発言する権利は命を懸けて守ろう**」。軽蔑するような意見でも、聞く価値があるという考えを力強く支持したのだ。ところが18世紀のヨーロッパでは、カトリック教会が出版物を厳しく取り締まっていた。ヴォルテールの劇や本の多くは、検閲され、焚書《ふんしょ》に処せられ、ヴォルテール自身は権力者である貴族を侮辱したとして、パリのバスティーユ監獄に入れられた。それでも、周囲の偏見や疑わしい主張に疑問を呈するのをやめなかった。こんにちでは『**カンディード**』（1759）の作者としてもっともよく知られている。

この短い哲学的な小説では、ポープやライプニッツが示した人間や万物についての楽観主義が、おもしろおかしく非難されている。本はたちまちベストセラーになった。ヴォルテールは賢明にも、本の扉に名前を載せなかった。そうでなければ、信仰心を物笑いの種にしたという理由で、ふたたび投獄されていただろう。

カンディードは主人公の名前だ。無邪気、天真爛漫を意味している。物語の初めに、召使いの若者カンディードは、領主の娘キュネゴンドに希望のない恋をするが、キュネゴンドと不名誉な行いをしているのが見つかり、住んでいた領主の城を追放された。その後、展開の速い、ときには突拍子もない物語のなかで、師である哲学者のパングロス博士とともに、実在する国や想像上の国を巡り、ついに仲を引き裂かれたキュネゴンドと再会する。しかし、このときすでにキュネゴンドは年をとり、醜くなっていた。いくつもの風変わりなエピソードにおいて、カンディードとパングロスは大変な目に遭い、さまざまな人と出会う。出会った人は皆、ひどい不運に苦しんでいた。

　ヴォルテールは、パングロスを使って、ライプニッツの哲学を風刺的に表現し、からかった。自然災害、拷問、戦争、強姦、宗教的迫害、奴隷にされるなど何が起ころうと、パングロスは、それを最善の世界に暮らしているさらなる証拠だとみなした。災いのたびに考えを変えるのではなく、むしろ、すべては最善の世界のためであり、もっとも完璧な状況をつくるための、ものごとのあるべき姿だという確信を強めた。ヴォルテールは、パングロスが目の前で起きていることから顔を背けるのをおおいに楽しんで描き、そのようにしてライプニッツの楽観主義を嘲笑《あざわら》ったのだと言われている。公平を期するために言えば、ライプニッツは悪の存在を否定したのではなく、悪の存在は最善の可能世界をもたらすのに必要だったと主張したのだ。だが、世のなかにはあまりに多くの悪があり、おそらくライプニッツは正しくないだろう。良い結果をもたらすのに必要な最小限の災いであるはずがないということを思わせる。ライプニッツの主張が真実だと言うには、世のなかの苦しみはいくらなんでも多すぎる。

　1755年に、18世紀で最大の自然災害のひとつが起こった。2万人以上が死亡したリスボン地震だ。ポルトガルのこの都市は、地震だけでなく、その後の津波、数日続いた火災によって、壊滅的な被害を受けた。その苦痛と人命の喪失によって、ヴォルテールの信仰心は揺らいだ。ヴォルテールは、このような出来事が、いかに神のより大きな計画の一部になりえるのかがわからなかった。被害の大きさが道理にかなっているとは思えなかった。なぜ、神はこのようなことが起こるのを許すのか。また、なぜリスボンだったのかも理解できなかった。なぜ、そこであって、別の場所ではなかったのだろうか。

ヴォルテールは、現実に起こったこの悲劇を『カンディード』の主要なエピソードとして用い、楽観主義に反対する自分の立場を主張した。カンディードとパングロスの乗った船が、リスボンの近くで嵐に遭って難破し、2人以外のほとんどの乗員が亡くなった。ただひとり生き残ったのは、カンディードの友人を、故意に溺れさせた水夫だけだった。どう見ても正義に欠けるが、パングロスはまだ、起こることすべてを、哲学的な楽観主義のフィルターを通して見ている。地震によって破壊されたリスボンに到着し、一面に、何百もの死人や、瀕死の人々が横たわるのを目にしても、愚かなことに、すべてはうまくいっていると主張し続けた。その後、さらに悪い事態に見舞われる。パングロスは叩かれ、ガレー船の漕ぎ手にされ、絞首刑に処せられ、生体解剖された。それなのに、存在するすべてのものに対する予定調和を信じているライプニッツは正しい、という考えにしがみついた。どのような経験も、頑固なパングロスの信念を変えさせることはできないのだろう。

パングロスとは異なり、カンディードはさまざまなことを目撃して、徐々に変化する。旅の初めには、師であるパングロスと同じ考えでいたが、結末では、経験によってすべての哲学に疑いをもち、人生の問題について、もっと現実的な解決策を選ぶようになる。

カンディードとキュネゴンドは再会し、パングロスやほかの数名と小さな農場で暮らす。登場人物のひとりマルティンが、人生を耐えられるものにする唯一の方法は、哲学的に考えるのをやめ、仕事に取りかかることだと言う。カンディードや農場で暮らす人たちは初めて力を合わせ、それぞれが得意なことを行った。パングロスが、皆の人生に起こったすべての悪いことは、この幸せな結末に辿り着くために必要な悪だったと説き始めると、カンディードは言う。それは大変、結構、しかし「**ぼくらの畑を耕さなくちゃなりません**」。これは物語の最後の言葉で、読者に力強いメッセージを伝えている。物語の教訓であり、この長い滑稽な話のオチである。表面的には、カンディードは、畑の仕事に取りかからなければならない、忙しくしなければならないと言っているだけだ。だが、より深く考えると、ヴォルテールにとって畑を耕すというのは、抽象的で哲学的な問題についてただ話し合うのではなく、人類にとって有意義なことをするという隠喩である。それは、カンディードや仲間が人生を謳歌し、幸せになるために必要なことだ。ヴォルテールは、同時に、彼らだけが行うべきことではないのを強く示している。わたしたち皆が行うべきことなのだ、と。

　ヴォルテールは、哲学者としては珍しく裕福だった。若い頃、仲間とともに国が発行する宝くじの不備を見つけ、何千もの当たりくじを買い占めた。また、賢く投資をして、さらに金持ちになった。こうして、自分が信じる大義を主張する経済的な自由を得た。ヴォルテールが情熱を燃やしたのは、不正の根絶だった。もっとも印象的な行動のひとつが、息子を殺害した疑いにより、拷問を受け、処刑されたジャン・カラスの名誉を回復したことだ。カラスは明らかに無実だった。息子は自殺したのだが、裁判所はその証拠を無視した。ヴォルテールは、何とか判決を覆《くつがえ》そうとした。最後の瞬間まで無実を訴えた哀れなジャン・カラスが、救済されることはなかった。だが、少なくとも「共犯」とされた人々は釈放された。ヴォルテールにとって、これが、実際に「ぼくらの畑を耕す」ことだった。

神が可能な世界のなかで最善のものをつくったとするパングロスの「証明」をからかったことから、『カンディード』の作者は無神論者だと思われるかもしれない。実のところは、ヴォルテールは、既成の宗教を嫌ってはいたものの、神の存在と計画の、目に見える証拠が自然界にあることを信じる**理神論者**だった。創造主の存在を証明するには、夜空を見上げるだけで十分だと考えた。デイヴィッド・ヒュームは、この主張にかなり懐疑的だった。この種の推論に対するヒュームの批判は凄まじかった。

Chapter 17

想像上の時計職人

鏡のなかの片方の眼をじっと見てみよう。焦点を合わせるレンズ、光の量の変化に順応する虹彩《こうさい》、眼を保護する瞼《まぶた》とまつげがある。一方向に目を向けると、眼球は眼窩《がんか》のなかをくるりと動く。それは美しくさえ感じられる。なぜそんなことが起こるのだろうか。すばらしい仕組みである。このようになったのはまったくの偶然だろうか。

孤島の密林をよろよろと歩き回り、ようやく開けた場所に出たとしよう。壁、階段、通路、中庭のある城の崩れた遺跡にどうにか這《は》い上がる。この遺跡が偶然にそこにあるはずがない。建築家か誰かが設計したはずだ。散歩中に腕時計に目を止める。これは時計職人がつくったものだ、時間を知るために設計された、と思うだろう。部品の小さな歯車は、みずからその場所に収まっているのではない。誰かがすべて考えたのだ。こういった例は、同じことを示している。どれもそもそもそういうものであったかのように設計されているということである。

それでは、自然について考えてみよう。木、花、哺乳類、鳥、爬虫類、昆虫類、アメーバ。すべて設計されたように見える。生きている器官は、時計よりも複雑だ。哺乳類は複雑な神経系と全身を巡る血液をもち、生息する土地にうまく適合する。こうした生き物をつくりあげたのは、とてつもない力を有する、賢い創造主にちがいない。創造主とは神である。17世紀に**デイヴィッド・ヒューム**が書を著していた頃、多くの人がこう考えていたし、いまでもそう思う人はいる。

神の存在に関するこの議論は**デザイン論**として知られている。17世紀、18世紀の新しい科学的発見が、この説を後押しした。顕微鏡は沼の微生物の複雑な構造を明らかにしたし、望遠鏡は太陽系や天の川の美しさや規則性を見せてくれた。これらもまた精密につくられているように見えた。

だが、スコットランドの哲学者、デイヴィッド・ヒューム（1711〜1776）は納得しなかった。ヒュームはロックの影響を受けて、わたしたちがどのように知識を得るのか、また理性を用いて学べる限界はどこまでかを考えることによって、人間の性質と宇宙のなかでの位置づけを説明しようと試みた。ロックと同様に、人の知識は経験と観察によって得られると信じた。そのため、世界のある面を観察することによって神の存在を証明する議論に関心を抱いた。

ヒュームは、デザイン理論は間違った論理をもとにしている、と考えた。著書『**人間知性研究**』（1748）には、神の存在をこのように証明する方法を批判している章がある。その章と奇跡の目撃証言を信じるのは理論的ではないとする章は議論を引き起こした。当時の英国では、公然と宗教的信念を批判するのは容易ではなかった。そのため、ヒュームは時代を代表する思想家のひとりであったにもかかわらず、大学に職を得られなかった。友人らの助言に従って、従来の神の存在論をもっとも強く批判する**『自然宗教に関する対話』**（1779）を、生前は出版しなかった。

デザイン理論は神の存在を証明しているのだろうか。ヒュームは、していない、と考えた。この議論では、全知全能の完全に善なるものが存在するという結論にいたる十分な証拠を示していない。ヒュームの哲学のほとんどは、宗教的信仰を支持する理由とされる証拠に集中している。デザイン理論は、この世界が設計されたように見えるという事実にもとづいているが、ヒュームは設計されているように見えたとしても、本当に設計されているとも、神が設計したのだとも結論づけられない、と論じた。ヒュームはいかにこうした結論に達したのだろうか。

古い形式の天秤ばかりが置いてあり、その一部が衝立《ついたて》の陰に隠れているとしよう。2つの天秤皿のうち、1つしか見えない。天秤が傾いてその皿が持ち上がれば、もう1つの皿にあるものはより重いものだというのがわかる。だが、色も、四角いのか丸いのかも、文字が書いてあるのかも、毛皮でおおわれているのかも、まったくわからない。

この例から、原因と結果について考えてみよう。「天秤皿はなぜ傾いたのか」という問いに対する答えは「もう1つの皿により重いものを載せたから」である。天秤が傾いたという結果から、原因を探った。しかし、それ以上の証拠がなければ、そこまでだ。それ以外は推察でしかなく、それが正しいかどうかを知るには、衝立の後ろを見る以外にない。ヒュームは、わたしたちの周囲の世界についても同じように考えた。わたしたちはさまざまな原因による結果を見て、もっともふさわしい説明をしようとする。人間の眼や木や山は、設計されたように見えるかもしれない。だが、設計者については何がわかるだろうか。眼は、その設計者がもっともよく機能するよう考えてつくられたように思える。しかし、その設計者が神だとは言うことはできない。そうではないだろうか。

神は、すでに説明したように、全知全能、完全に善だと考えられている。しかし、何か大きな力が人間の眼をつくったという結論に達したとしても、それが全能だという証拠はない。眼には欠陥もある。たとえば、視力が弱くなり、メガネを使う人は多い。全知全能で、完全に善なる神が、そのように眼を設計したのか。そうかもしれない。しかし、眼から得られる証拠は、それを示していない。せいぜい知性がきわめて高く、力と技術のある何かがつくったと言えるだけだ。

だが、それさえもどうだろうか。ほかにも説明は可能だ。やや力の劣った神々のグループがつくったということはないだろうか。複雑な機械のほとんどは、何人かのチームによって組み立てられる。眼やほかの自然に存在するものも組み立てられたのだとしたら、同じことが言えるのではないだろうか。建物の多くは、建造者がチームを組んで建てる。眼も同じなのではないか。あるいは年老いた神がつくり、その後亡くなったのかもしれないし、完璧な眼をつくろうとして修行中の若い神の試作品なのかもしれない。どの説が正しいかを決める証拠がないのだから、眼が設計されたように思えるとしても、全知全能で、完全に善なる神がつくったと確信することはできない。この問題について真剣に考えれば、引き出される結論は限られている、とヒュームは論じた。

ヒュームはまた、**奇跡**についても批判した。たいていの宗教は、奇跡が起こったことを主張する。死から蘇る、水の上を歩く、重い病が治る、立像が口をきいたり叫んだりするなど、いろいろある。だが、奇跡を見たと言う人がいるからといって、それを信じられるだろうか。ヒュームは、信じられない、と考えた。病気から奇跡的に回復するとはどういうことだろう。奇跡と言うには、自然の法則に逆らうものである必要がある。自然の法則とは、「死んだ人は生き返らない」「立像は口をきかない」「水の上は歩けない」といったことだ。数えきれないほどの証拠が、この自然の法則を示している。誰かが奇跡を目撃したからと言って、なぜみんながそれを信じなくてはならないのか。友人がいま、部屋に飛び込んできて「水の上を歩いている人を見た」と言ったら、あなたは何と答えるだろう。

ヒュームは、起こることにはつねにより説得力のある理由があるはずだ、と考えた。水の上を歩く人を見た、と言った友人は、本物の奇跡を見たのではなく、嘘をついたか、見間違えたかのどちらかだろう。注目を浴びるのが嬉しくて、平気で嘘をつく人もいる。それがひとつの可能性だ。だが、わたしたちは誰もが間違える。見間違えや聞き間違えもする。異常なものを見たと信じたいために、より現実的な説明を避けることもよくある。こんにちでも、夜遅く説明のつかない音がすると、ネズミや風だとは考えず、幽霊が歩き回るなどの超自然的な出来事だという結論に飛びつく人は多い。

ヒュームは神を信じる者が用いる議論をつねに批判したが、神を信じないとは公に告げたことはない。神を信じていたのかもしれない。発表されたヒュームの見解は、万物には神の知性が宿ることを主張しているようにも思える。ただ、神の知性がどういったものかがわからないというだけだ。理論の力では、この「神」がどのようなものかを説明できないのである。そこで、ヒュームを**不可知論者**とする哲学者もいる。

しかし、以前はともかく、生涯を終える頃には、ヒュームは神を信じていなかった。1776年の夏、友人たちがエディンバラを訪れ、死の床にあるヒュームを見舞ったとき、ヒュームは信仰を受け入れるつもりはないことをはっきりと告げた。それどころか、キリスト教徒のジェームズ・ボズウェルに死後のことが心配ではないかを尋ねられ、死後も生き続けられるとは思わない、と答えた。おそらくエピクロスも同じように答えたことだろう（4章）。エピクロスは生まれる前のことを心配しなかったのと同じように、死後のことは心配していないと言っている。

ヒュームには、同世代のすばらしい思想家たちと個人的な交流があった。そのうちのひとりであるジャン＝ジャック・ルソーは、政治哲学に大きな影響を与えた。

Chapter
18

生まれながらにして自由

1766年、黒い瞳の小柄な男が毛皮のロングコートに身を包み、ロンドンのドルーリー・レーン劇場に芝居を見に行った。国王のジョージ3世を含め劇場にいたほとんどの人が、舞台で演じられる芝居よりも、この異国からの来訪者に興味を抱いた。男は居心地が悪そうだった。部屋に置いてくるしかなかったシェパード犬も心配である。劇場で人々から注目を浴びるより、田舎のどこかで野に咲く花を探すほうがずっとましだ、と男は思った。その男とは誰だろうか。そして、なぜ誰もがその男にそこまで心を奪われたのか。それは、この男がスイスの偉大な思想家で、作家の**ジャン＝ジャック・ルソー**（1712〜1778）だったからだ。文学と哲学の世界で大きな話題となったルソーが、デイヴィッド・ヒュームの誘いでロンドンにやって来たために、現代で言えば有名なポップスターが現れたときのように人々が興奮し

たのである。

このときまでに、カトリック教会はルソーの本を数冊、禁書にしていた。従来とは異なる宗教観が示されていたからである。ルソーは、本当の信仰は心のなかに存在し、宗教的な儀式など不要だと信じた。とはいえ、問題となったのはルソーの政治思想のほうだった。

「人間は生まれながらにして自由だ。なのに、どこにいようとも鎖につながれている」。ルソーは著書**『社会契約論』**（１７６２）の冒頭でこう宣言した。もちろん、革命家はこれを覚えて諳《そら》んじた。マクシミリアン・ロベスピエールは、フランス革命の多くの指導者と同じように、この言葉に刺激を受けた。革命家は、富裕層が大勢の貧民を縛りつけた鎖を断ち切りたかった。貧しい者は飢えているのに、裕福な者は贅沢な暮らしを楽しんでいたからだ。ルソーと同じように、革命家は、貧しい人々には食べるものさえないのに、裕福な人々がそれに無関心なことに怒りを覚えていた。真の自由、平等、友愛を求めた。ところが、ロベスピエールは「恐怖時代」に敵対者を断頭台送りにした（ロベスピエールは政治家となった当初、死刑廃止法案を提出するなどしたが、後に権力を掌握すると敵対者を処刑する恐怖政治（terreur：テロール。テロの語源）を断行した。「徳無き恐怖は忌まわしく、恐怖無き徳は無力である」の言も有名）。その10年前に亡くなったルソーが生きていれば、賛同はしなかっただろう。敵の頭を切り落とす行為は、ルソーよりはマキャベリの思想に近いものだった。

ルソーによれば、人間は本来、善なる存在だという。自分のしたいように森のなかで暮らすことができれば、たいした問題は起こさない。しかし、そこを出て、都市に身を置いた途端、うまくいかなくなる。他者を支配しようとしたり、他者の注意を引いたりしようと躍起になる。こういった競争的な生き方は精神を不安定にし、それが、貨幣の発明によってさらに悪化する。都市に集まって暮らした結果生まれたのが、**嫉妬**と**強欲**だった。野生の状態なら、「**気高き野蛮人**」である個人は健康で、たくましく、そして何よりも自由だが、文明のせいで人間は堕落したようだとルソーは感じた。それでも、ルソーは、個人が活躍し、満足しつつ、共通の利益を目指して仲良く励むような社会をつくる、より良い方法が見つかると前向きに考えた。『社会契約論』でルソーが設定した課題は、国の法律に従いながらも、誰もが社会の外にいたときと同じように自由でいられるような、共生の道を見つけることだった。これは実現不可能に思えるし、おそらく実現不可能なのだろう。社会の一員になるために一種の隷属状態を我慢しなければならないなら、代価はあまりに大きい。自由と、社会に押しつけられる厳格なルールは両立しない。そのルールは、行動を制限する鎖のようなものだからだ。それでもルソーは、打開の道があると信じた。それは、**一般意志**という、ルソーの概念にもとづくものだった。

一般意志は、コミュニティ全体、国家全体にとって最善のものだ。自分を守るために集まった人々は、自由の多くをあきらめなければならないように思える。それがホッブズとロックの考えだった。真に自由であり続けながら、大きな集団のなかで生きていくというのは想像しづらい。人々を規制する法律がいるし、行動もいくらかは制限しなければならない。だがルソーは、国家の一員として、自由でありながら、国家の法律に従うのは可能だと考えた。そして、自由と法の順守という概念は対立するというよりは、むしろ組み合わせることができると考えた。

ルソーの一般意志の意味は誤解されやすい。現代での例ではこう考えられるだろう。ほとんどの人は問われれば、高い税金を払わないで済むほうがいいと言う。実際それは、政権をとるためによく使われる手で、単純に税率を下げるという公約が掲げられる。収入の20パーセントを税金として払うのと、5パーセントを払うという選択肢を与えられたら、たいていの人は低い額のほうを選ぶだろう。だが、それは一般意志ではない。みんなに聞いた結果、みんながほしいと答えたものは全体意志である。一方、一般意志とは、みんながほしがって当然のもの、コミュニティ全体にとって利益になるものであって、コミュニティのなかの人々が利己的に、自分のためになると考えるものではない。一般意志が何かを理解するには、私利を忘れ、社会全体の利益、つまり公益に注目しなければならない。道路の維持のような多くのサービスのために税金が必要なことを受け入れれば、それを実現できるよう高い税金を課すことは、コミュニティ全体にとって有益になる。税金が少なすぎれば、社会全体が損害をこうむる。つまり、一般意志は、税金は良いサービスを提供するのに十分な高さであるべきだということになる。

人が集まって形成された社会は、ある種の人格を持っている。個人は、より大きな全体の一部だ。ルソーは、一般意志に沿うような法律に従うことが、社会のなかで真に自由であり続ける道だと考えた。法律は賢明な立法者によって制定される。立法者の役目は、個人が他者を犠牲にして利己的な利益を追求するのではなく、一般意志に沿うことができるような法制度をつくることだ。ルソーにとって真の自由とは、コミュニティの利益になるよう行動している人々の集団の一員になることである。人々の望みと、全体にとって最善のことは一致するべきであり、法律は自分勝手な振る舞いを防ぐ助けになってしかるべきだ。

だが、もしあなたが都市国家にとって最善のことに反対だったらどうだろう。あなたは個人として、一般意志に従いたくないかもしれない。ルソーはこれに対する答えを用意していた。とはいえ、それは、たいていの人が聞きたがらない答えである。よく知られているように、そしていくぶん困ったことに、ルソーはこう言っている。法律に従うのがコミュニティにとって有益だということが受け入れられないのであれば、その人は「強制的に自由にさせられ」なければならない、と。ルソーが言いたかったのは、誰であれ、社会にとって本当に利益になることに反対する人は、それが自由な選択のつもりかもしれないが、一般意志に同調して従うのでなければ、それは真の自由ではないということだ。どうしたら、人を強制的に自由にできるだろうか。わたしがあなたに、本書の残りを読むよう強制したら、それはあなたにとって自由な選択とはいえないのではないだろうか。誰かに何かを強要するのは、自由な選択とはまったく反対のことである。

だが、ルソーにとってこれは矛盾ではなかった。何が正しい行いなのかわからない人は、強制的に従わせられることで、より自由になれる。社会に属する人は誰でもこの大きな集団の一員なので、従うべきは自分勝手な選択ではなく、一般意志だというのを受け入れる必要がある。この考え方によると、たとえ強要されたのだとしても、一般意志に従って初めて人は真に自由になれると言える。それがルソーの考えだが、ジョン・スチュアート・ミル(24章)など、後年の多くの思想家は、政治的自由とは、個人が可能なかぎり自分で選択できる自由であるべきだと主張した。実は、ルソーの考えにはいささか悪意がある。人間が鎖に縛られているとと不平を述べておきながら、誰かに何かを強要するのは別の意味での自由だと提唱したのだから。

ルソーは迫害から逃れるために、人生の多くを、国から国へと転々として過ごした。それとは対照的に、イマヌエル・カントは故郷をめったに離れなかった。それでも、カントの思想はヨーロッパ中に影響を与えた。

Chapter
19

バラ色の現実

バラ色の眼鏡をかければ、あらゆるものに色がついて見えるだろう。眼鏡をかけているのを忘れるかもしれないが、それでも目に入るものはその眼鏡の影響を受ける。**イマヌエル・カント**（1724～1804）は、人間はみな、こうしたフィルターをとおして世界を理解していると考えた。そのフィルターとは**心**だ。心は、あらゆる物事をどう経験するかを決め、その経験をある型にはめる。わたしたちが知覚するすべてには、それらが起こる時と場所があり、すべての変化には原因がある。だが、カントによれば、現実が究極的にそうであるからではなく、心が影響を及ぼしているという。わたしたちは世界のありようそのものを直接には理解できない。また、眼鏡をはずして、世界の真の姿を見ることもできない。このフィルターはつねにつきまとい、それなしではは何も経験できないのである。フィルターがあると認識し、それ

がわたしたちの経験にいかに影響して、色を加えるかを理解するのがせいぜいだ。

カント自身の心は、整然として論理的だった。その人生も同じだ。カントは生涯独身で、毎日、厳密に同じ行動をした。少しの時間も無駄にしないよう、朝5時に使用人に起こしてもらった。それからお茶をいくらか飲み、パイプたばこをふかし、仕事にとりかかる。きわめて生産的に、多くの著書や論文を書く。その後、大学で講義を行った。毎日、午後4時半きっかりに散歩に出かけ、いつもの道を、必ず8回、行ったり来たりした。カントの故郷であるケーニヒスベルク（現在のカリーニングラード）の人々は、カントが散歩をするのを見て、腕時計の針を合わせたほどだった。

ほとんどの哲学者と同じように、カントは、人間と現実との関係を解明しようとして過ごした。それが、つまるところ**形而上学**だ。そして、カントはこれまでで、もっとも偉大な形而上学者のひとりだ。カントがとくに関心を寄せたのは、心の限界、人間が知ったり、理解したりできることの限界についてだった。カントはこのテーマにとりつかれた。もっともよく知られた著書である『**純粋理性批判**』（1781）では、道理にかなうぎりぎりのところまで、こうした限界を探求した。『純粋理性批判』は平易な読み物とはほど遠い。カント自身が、無味乾燥で不明瞭だと評したほどである。そして、それは正しい。すべてを理解できたと公言する人はほんのわずかだろう。それに、理論の大半は複雑で、難しい言葉だらけだ。読んでいると、どこに向かっているのかわからないまま、光もほとんど差し込まない、言葉の深い茂みをかき分けて進んでいるような気がする。それでも、主張の核心は明確だ。

現実とはどんなものなのか。カントは、物事のありようの全貌を見ることは決してできないと考えた。カントが「**物自体**」と呼ぶ世界、すなわちうわべの向こう側にあるものは決して、直接は認識できない。カントは、「物自体」を表す言葉として、ときに「noumenon」（単数形）と言ったり、「noumena」（複数形）と言ったりしているが、これはいただけない（ヘーゲルも指摘している。22章参照）。現実がひとつのものなのか、あるいは、多数あるのかは知りようがない。厳密に言うなら、「物自体」の世界については何ひとつ知りようがないのだ。少なくとも、直には情報を得られない。それでも、現象の世界、つまりわたしたちを取り巻く世界、感覚をとおして経験する世界は認識できる。窓の外を眺めてみよう。芝生、自動車、空、ビルなど、目に入るのは現象の世界だ。物自体の世界は見えない。ただ現象の世界のみが見える。それでも、物自体の世界は人の経験すべての向こう側に潜んでいる。それはもっと深いレベルに存在するものなのだ。

すなわち、存在するもののある側面は、つねに理解を超えている。それでも綿密に思索をすることによって、単なる科学的な手法に頼るよりも、はるかに多くのことがわかる。カントは『純粋理性批判』で次のような問いかけをした。「**ア・プリオリな総合判断はいかに可能か**」。わかりにくい問いなので、少し説明が必要だろう。だが、おもな考え方は思っているほど難しくはない。まず「総合」から説明しよう。カントの哲学用語において、「総合」とは「分析」の反対だ。「分析」とは定義によって真であるということだ。たとえば「男はみんな雄である」は、定義によって真となる。つまり、実際に男を観察しなくても、この文章が真であると言える。男がみんな雄だと確認する必要はない。雄でなければ、男ではないからだ。この結論を得るのに、現地調査はいらない。肘掛け椅子に座ったまま解決できる。「男」という言葉には「雄」という概念が含まれている。「すべての哺乳類は子供に乳を飲ませる」というのと似ている。これもまた、すべての哺乳類が子供に乳を飲ませているかを確認する必要はない。子供に乳を飲ませるのが哺乳類の定義だからだ。哺乳類のように見えても、子供に乳を飲ませないなら、それは哺乳類ではない。分析的言明とは単なる定義であり、新たな知識は示さない。定義によって当然とされていることを説明している。

一方、総合判断は、経験や観察が必要で、新しい情報、つまり言葉や記号が表す以上のことを伝える。たとえば、わたしたちはレモンが酸っぱいと知っている。だが、それは食べてみて初めて（または誰かから食べた経験を聞いて）知ることである。レモンが酸っぱいというのは定義によって真とはならない。それは経験によって知ることだ。「すべてのネコにしっぽがある」というのも総合的言明であり、真か偽かを見分けるために調査が必要となる。調べて確かめるまではわからない。実際、マンクスネコなど、しっぽのないネコもいる。また、しっぽを失ったネコもいるだろう。それでもネコであることには変わりない。つまり、すべてのネコにしっぽがあるかどうかという問いは、世界における事実がどうかということであり、「ネコ」の定義ではない。「すべてのネコは哺乳類である」という言明とはずいぶん異なる。こちらは分析的言明と同じように定義である。

それでは、ア・プリオリな総合判断とはどういうものなのだろうか。ア・プリオリな判断は、すでに説明したように、**経験に依存しない**知識だ。経験に先立《プライア》って、つまり、経験するより前にそれを知っている。[17]

世紀から18世紀にかけて、経験に先立って何かを知ることができるのかどうかについて議論が起こった。大まかに言えば、経験主義者（たとえばロック）は、できないと考えた。合理主義者（たとえばデカルト）は、できると考えた。ロックは、人間には生まれながらの知識などなく、子供の心はまっさらな状態だと言い、ア・プリオリな判断はないと主張した。「ア・プリオリな」を「分析的」と同じだと捉えているようだ（哲学者によっては、ふたつの言葉は代替可能だ）。だが、カントは違う。カントは、世界の真実を明らかにしながらも、経験を必要としない知識はある、と考えた。そのため、「ア・プリオリな総合判断」という言葉でこの概念を定義した。ア・プリオリな総合判断の例として、カント自身が用いたのは、7＋5＝12という数学の等式だ。多くの哲学者は、これは分析的な事実であり、数学的な記号による定義だと考えた。それでも、カントは7＋5が12だというのは、経験に先立って知ることができると主張した（この等式について、対象を照らし合わせたり、世界を観察したりする必要はない）。さらに、この等式は新しい知識を与えてくれる。つまり、**総合的言明**である。

　カントが正しければ、これは画期的な発見である。カント以前に現実の本質を研究した哲学者たちは、現実とは、経験をもたらす、わたしたちの存在を超えたものだと考えていた。すると、現実を知り、ただの当てずっぽう以上に意味のあることを言うのは難しくなる。しかし、カントは、人間は、理性の力によって、あらゆる経験を着色する心の特徴を知ることができると考えた。肘掛け椅子に腰かけて一心に考えれば、真である現実を知ることができる。その現実は、定義によって真であるだけでなく、情報をもたらすものでもありうる。カントは論理的な議論によって、世界が人の目にはピンク色に見えることを証明したも同然だと信じた。人間がバラ色の眼鏡をかけているのを証明しただけでなく、眼鏡のバラ色の濃淡が経験に影響をもたらすという新たな発見をした。

カントは、現実と人との関係という根源的な問題に対して満足できる答えを見つけ、道徳哲学へと関心を移した。

Chapter
20

「誰もがそうするなら？」

ドアをノックする音。目の前に立っている若い男は助けが必要なようだ。傷ついて、血を流している。男を家に入れて安心させ、救急車を呼ぶ。これは正しいことのように思える。だが、もし、単に男を気の毒に思ったから助けたというなら、それは道徳的な行動ではない、とイマヌエル・カントは言う。同情心は道徳的行為とは無関係だ。それは性格の一部であり、正しいか正しくないかとはまったく関係がない。カントにとって道徳とは、何をするかではなく、なぜするかだった。正しいことをする人は、感情だけでは行動しない。理性によって行動する。理性は何をすべきかを伝え、たまたまどんな感情を抱いたかは関係がない。

カントは、感情を道徳に持ち込むべきではないと考えた。感情とは、たいていは運の問題である。同情や共感を抱く人もいれば、抱かない人もいる。意地悪で、寛大な気持ちになるのが難しい人もいれば、他人を助けるためにお金や持ち物を分け与えることに大きな喜びを得る人もいる。だが、善であることは、理性をもつ人がみずから選択できるはずだ。義務感から若い男を助けるのなら、それが道徳的行為だとカントは考えた。同じ状況になれば誰でもすべきことだから、そうするのが正しい。

　奇妙に思えるかもしれない。若い男を気の毒に思って助けた人は、道徳的に行動し、より良い人だからそうした感情を抱いたのだ、と考えたくなる。おそらくアリストテレスもそう思っただろう（2章）。しかし、カントは主張した。感情だけで行動するなら、それは正しい行為ではない。若い男を見て嫌悪感を抱きながらも、なお義務感から助けたとしたら、それは同情心から行動するよりもずっと道徳的だ。なぜなら、助けないほうがいいという気持ちに逆らって、義務を果たしたからである。

「良きサマリア人」という話がある。「良きサマリア人」は、道端に倒れて困っている人を見かけて助ける。ほかの人はただ通り過ぎるだけだ。「良きサマリア人」はなぜ良い人なのだろうか。もし、困っている人を助けることで天国へ行けると考えたのだとしたら、それは道徳的な行動ではない、とカントは考えた。何かを得るために、目的を達成するための手段としてその人を扱ったことになるからだ。たとえ同情からその人を助けたとしても、カントは良いこととは考えない。しかし、自分の義務だと考えて、そうした状況では誰でもするべき当然のこととして、その人を助けたのなら、「良きサマリア人」は道徳的に正しい、とカントは考える。

　意図に関するカントの見解は、感情に関する見解より受け入れやすい。わたしたちの多くは、単に成功したことよりも、何をしようとしたかで互いを判断する。幼い子供が道路に飛び出すのを止めようと突進した親に、たまたま押し倒されたらどう思うだろうか。悪ふざけで誰かに故意に押し倒されたときと比べてみよう。子供を止めようとした親は、故意にやったわけではない。だが、悪ふざけをした者は故意にそうした。一方、次の例が示すように、良い意図があるからといって、行動が道徳的とはかぎらない。

ふたたびノックの音がする。ドアを開ける。親友が真っ青な顔で立っている。息を切らし、怯えている。男に追われていると言う。男はナイフをもっていて、自分を殺そうとしている、と。親友を家に入れる。親友は、二階へ駆け上がって隠れる。また、ノックの音がする。親友を追っている男だろう。正気とは思えない目つきをしている。男は親友がどこにいるかを知りたがる。ここにいるか、と訊く。戸棚に隠れているか。どこにいるのか、と。親友は二階にいる。だが、あなたは、彼女は公園に行った、と嘘を言う。男を追い払うために、違う場所を教えるという正しいことをした。親友の命を救ったのだ。これは道徳的行為ではないだろうか。

カントは、そうではないと考えた。どんな状況であっても嘘をつくべきではない。親友を殺人者から守るためであっても。嘘は道徳的につねに悪いことだ。例外はない。弁解もない。都合がいいときは嘘をついていいという原則をつくってはいけない。もし嘘を言って、あなたが知らないうちに、親友が公園に逃げていたとしたら、殺人者に手を貸したことになる。親友の死に、ある程度の責任を負うことになるのだ。

これは、カント自身が用いた例で、カントの考え方がとても極端だったことを示している。カントはどんなときも例外なく真実を述べ、道徳的義務を果たすべきだと考えた。わたしたちには真実を述べるという絶対的義務がある。カントはそれを「**定言命法**」と呼んだ。「命令」は「秩序」である。その反対は仮言命法だ。仮言命法は「Xがほしければ、Yをせよ」という形になる。「牢獄に入りたくないなら、盗むな」がその一例だ。定言命法は、単に「盗むな」と教える。人間としての義務を述べる。カントは道徳とは定言命法だと考えた。道徳的義務は、結果や状況によって変わることはない。

人間がほかの動物と異なるのは、選択について振り返って考えられることだ、とカントは論じた。意図なく行動するのであれば、機械と同じだ。「どうしてそうしたのか？」を人に尋ねるのは、たいがい理にかなっている。人間は本能だけでなく、理性にもとづいて行動するからだ。カントはそれを「**格律**」と呼んだ。「格律」とは行動の根底にある原理だ。「どうしてそうしたのか？」という問いの答えである。カントは格律がもっとも重要であり、一般化できる格律にもとづいて行動すべきだと論じた。一般化とは、誰にも当てはまるということだ。同じ状況にいれば、誰でも当然やることをやるべきだという意味である。「ほかの人だったらどうするか？」をつねに問うといい。自分は特別だと思ってはいけない。それは、基本的には、他者を利用するのではなく、他者を尊重し、他者の自主性や、他者が個人として理性ある意思決定ができるのを認めることだ。個人の尊厳や価値に対する畏敬の念は、現代の人権論の中核となっている。それは、カントによる**道徳哲学**への大きな貢献である。

例をあげて説明しよう。自分の店で果物を売るとする。果物を買ってくれる客には、いつも丁寧に接し、釣銭も正しく渡すだろう。たぶん、商売上そうしたほうがいいし、客に次もまた買ってほしいからだ。だが、もしそれだけが釣銭を正しく渡す理由なら、ほしいものを得るために客を利用していることになる。誰もが他者にこう接しているという合理的な説明ができないから、それは道徳的行為ではないとカントは信じた。一方、人を欺かないことが義務だと考えて、正しい釣銭を客に渡すなら、それは道徳的行為だ。どんなときにも当てはまる格律、すなわち「人を欺くな」という原理にもとづいた行動だからである。人を欺くとは、ほしいものを得るために人を利用することだ。それが道徳的原則であるはずがない。誰もが誰かを欺くなら、信頼というものはなくなる。誰も人が言ったことを信じられなくなるだろう。

カントが用いた例をもうひとつ紹介しよう。たとえば、無一文になったとする。銀行はお金を貸してくれないし、売る物もない。家賃を払わなければ、通りに放り出される。そこで、解決策を思いつく。友人のところへ行って、お金をいくらか貸してほしいと頼むのだ。借りた金を返すことはできないが、返すと約束する。これが最後の頼みの綱であり、ほかに家賃を払う手段はない。この行為は許されるだろうか。カントは、返すつもりがないのに、友人から借金をするのは不道徳だと論じた。理性的に考えればわかるだろう。お金を借り、返せないとわかっていながら、返すと約束するのはとんでもないことだ。これもまた、普遍的な格律ではない。誰もがそうしたらどうなるだろうか。誰もがこのように嘘の約束をしたら、約束にまったく価値がなくなる。すべての人にとって正しくないなら、あなたにとっても正しくない。だから嘘の約束をしてはいけない。それは間違ったことだ。

このように感情ではなく、冷静な論理にもとづいて正しいか、正しくないかについて考える手法は、アリストテレスのものとは大きく異なる（2章）。アリストテレスは、真に徳のある人はつねに適切な感情をもち、その結果として正しい行動をすると考えた。カントにとって、感情とは、見せかけではなく本当に正しいことをしているのかどうかをわからなくして、問題をあいまいにするものである。あるいは、もっと前向きに解釈すれば、良い行動につながる感情を運よくもちあわせていても、いなくても、理性さえあれば誰もが道徳的でいられる、とカントは考えたのだ。

カントの道徳哲学は、次の章のジェレミー・ベンサムとは対照的である。カントは、行動が間違っているかどうかは結果とは関係なく、ベンサムは、大事なのは結果だけだと主張した。

Chapter 21

功利的至福

ロンドン大学ユニバーシティ・カレッジを訪れると、ガラスケースに入った**ジェレミー・ベンサム**（1748〜1832）の遺体の一部を見ることができる。ベンサムは「ぶち《ダップル》」と名づけた愛用のステッキを膝にのせ、こちらをじっと見ている。頭部は蠟《ろう》でできている。本物は防腐処理され、かつては展示されていたが、いまは木箱に保存されている。自己標本《オートアイコン》とみずから呼んだ生身の肉体のほうが、彫像よりもずっと強く人の記憶に残ると、ベンサムは考えた。そこで、1832年、遺体をどう処理するかを指示して死んだのである。その考えがこれまで称えられたことはない。とはいえ、レーニンの遺体も、防腐処理され、特別な霊廟に展示されてはいる。

　ベンサムのアイデアには、もっと現実的なものもある。たとえば、**パノプティコン**という円形の刑務所の設計だ。ベンサムはそれを「悪党を正直者にひき直す機械」と記した。刑務所の中央には監視塔があり、数人の看守だけで、囚人に知られずに多数の囚人を監視することができる。現代でも、この設計の原理を用いている刑務所や図書館がいくつかある。これは、社会改革のためのベンサムの提案のひとつだった。

だが、これよりはるかに重要で影響力があったのは、ベンサムの生き方についての理論だ。正しい行いは最大の幸福をもたらすという考え方で、**功利主義**あるいは**最大幸福の原理**として知られている。ベンサム以前にもこうした道徳観を示した人はいるが（たとえばフランシス・ハッチソン）、ベンサムはそれをいかに実現するかを初めて詳細に説明した。イギリスの法律を、より大きな幸福をもたらすように変えたいと思ったのである。

だが、幸福とは何だろう。人によって、その言葉の意味は異なる。ベンサムは、その問いに端的に答えた。幸福とは感覚、すなわち、快楽であり、苦痛のないことだ。快楽が多ければ、あるいは苦痛よりも快楽が勝れば、幸福感はより大きくなる。ベンサムは、人間をとても単純に捉えていた。苦痛と快楽は、自然によって与えられる、生きるための最大の指針だ。人間は楽しい経験を求め、苦しい経験を避ける。快楽だけが、本質的に良いものである。ほかのものを望んだとしても、それはそれが快楽を与えてくれるか、苦痛を避ける一助になると信じるからだ。アイスクリームがほしいのは、アイスクリームを手に入れること自体が目的ではない。アイスクリームを食べて快楽を得ることが重要なのだ。同じように、火傷をしないようにするのは、火傷をしたら痛いからである。

では、幸福はどのように測ればいいだろうか。とても幸せだったときのことを考えてみよう。それはどんな感じだったろうか。どのくらい幸福だったかを数字で表すことができるだろうか。たとえば、10点満点のうち、7点か8点だったろうか。ヴェネツィアから水上タクシーに乗ったときの経験は9・5点あるいは10点かもしれない。夕日が沈む美しい景色のなかで、運転手が速度を上げ、水しぶきが顔にあたる。妻と子供たちが興奮して笑い声を上げる。こうした経験に点数をつけるのは、馬鹿げたことではない。快楽は定量化でき、異なる快楽も同じ基準や単位で比べることができる、とベンサムは信じた。

ベンサムは、幸福を計算する方法を「**幸福計算**」と呼んだ。まず、ある行為がどの程度の快楽をもたらすかを算出する。快楽がどのくらい持続するか、どのくらい強いか、さらなる快楽を引き起こすかどうかを考慮する。そこから、その行為によってもたらされる苦痛を差し引く。残りが、その行為の幸福値である。ベンサムは、それを役に立つという意味で「**功利**」と呼んだ。行為がより多くの快楽をもたらせば、より社会に役立つからである。よって、その理論は功利主義と呼ばれる。功利を比較して、最大の幸福をもたらす行為を選ぶようにすればいい。とてもわかりやすい。

だが、快楽は何から得るべきだろうか。子供じみたゲームをしたり、アイスクリームを食べたりするより、詩を読むといった精神を高揚させることから得られる快楽のほうが良いのではないだろうか。ベンサムは、そんなことはないと考えた。何から快楽を得るかは問題ではない。同じように幸せになれるなら、白昼夢を見ても、シェイクスピアの劇を観てもかまわない。ベンサムは、プッシュピン――当時、はやった単純なゲーム――と詩を例に挙げている。重要なのはどれだけの快楽が生みだされるかだ。快楽が同じであれば、行為の価値も同じである。功利主義の観点によれば、プッシュピンで遊ぶのは、詩を読むのと同じように道徳的に良いことになる。

20章に登場したイマヌエル・カントは、「嘘をつくな」というような、どんな場合でも適用される義務があると主張した。だが、ベンサムは、行為の善悪は結果によって判断されるとし、状況次第だと考えた。嘘をつくのはつねに誤りだとはかぎらない。嘘をつくのが正しいときもあるだろう。嘘をつくことで、結果的に、より大きな幸福が得られるなら、嘘をつくのは道徳的に正しい行為だ。新しいジーンズをはいた友人に、「似合っているか」と聞かれたとき、カントの信奉者は、友人が聞きたくない答えであっても真実を言わなければならない。一方、功利主義者は、軽い嘘でより大きな幸福が生まれるかどうかを計算する。より大きな幸福が生まれるなら、嘘をつくのは正しいことだ。

功利主義は、18世紀末には急進的な理論とされた。幸福度を計算するときに、すべての人の幸福を等価としたからである。ベンサムはこう述べている。「**すべての人の価値が1であり、それを超える価値をもつ人はいない**」。特別な扱いを受ける人はいないのである。貴族の快楽が貧しい労働者の快楽に勝るということはない。だが、それは、当時の社会の秩序とは違っていた。貴族は土地をいかに使うかについて大きな影響力をもっていたし、多くは貴族院に議席を得て、イギリスの法律を決定する世襲の権利を有してさえいた。ベンサムが平等であることを強調したのを不快に思う者がいたのも当然だろう。さらに急進的だったのは、動物の幸福も考慮されたことだ。動物も快楽や苦痛を感じる。よって、動物もベンサムの幸福計算の一部なのだ。動物が論理的に思考したり、話したりできないことは問題ではなかった（カントなら問題にしたかもしれない）。ベンサムの観点からすれば、そういったことは道徳とは関係がない。重要なのは動物が快楽や苦痛を感じられるということだ。これは、ピーター・シンガー（40章）などによる、現代の動物福祉運動の基盤である。

快楽の要因はどのようなものでも平等であることを強調するベンサムの姿勢に対して、激しい批判が起こった。**ロバート・ノージック**（1938〜2002）は、そのための思考実験を考案した。現実を生きているようでありながら、痛みや苦しみがまったくない幻想を与えるバーチャル・リアリティ・マシンを想像してみよう。ひとたびこの機械につながれると、現実を、直接、経験しているのではないことを忘れ、幻想に捕らわれる。機械はさまざまな楽しみをつくりだし、たとえばワールドカップで決勝点をあげるとか、すばらしい休暇を過ごすとかいった夢を見させる。最大の快楽をもたらすものは何でも疑似体験ができる。機械によって幸福感が最大化されるため、ベンサムの考え方によれば、一生、この機械につながれているべきだということになる。それが、快楽を最大化し、苦痛を最小化する一番の方法だからだ。だが、多くの人は、ときにはそういった機械を楽しんだとしても、一生、それにつながれるのはいやだと思うだろう。ずっとこうした快楽を楽しむよりも大事なことがあるからだ。つまり、同量の快楽をもたらすのであればどの方法にも同じ価値があるとするベンサムの主張は間違っているし、誰もが快楽を最大化し、苦痛を最小化したいという願望のみに従っているのではないのである。このテーマは、彼のすぐれた弟子であり、後の批判者となったジョン・スチュアート・ミルによって引き継がれた。

ベンサムは、当時の社会問題に対する答えを見つけようと、同時代について考えた。一方、ゲオルク・ヴィルヘルム・ヘーゲルは、一歩下がって人間の歴史全体を概観すれば、歴史にはもっともすぐれた知性をもつ者のみが理解できるパターンがあることが明らかになると主張した。

Chapter 22 ミネルヴァのフクロウ

「ミネルヴァのフクロウは夕暮れにのみ飛ぶ」。これは**ゲオルク・ヴィルヘルム・フリードリヒ・ヘーゲル**（1770〜1831）の考え方だ。だが、どういう意味なのだろう。実は「どういう意味なのだろう」という疑問は、ヘーゲルの著書を読むと何度も浮かんでくる。ヘーゲルの著書は難解だ。カントのように、多くが抽象的に表現され、そのうえヘーゲル自身の造語が頻繁に使われている。誰も、おそらくはヘーゲルでさえも、すべてを理解してはいないだろう。だが、フクロウのくだりは、解読しやすい。ヘーゲルは、人間の歴史から得られる知恵と理解は、一日の出来事を日が暮れてから振り返るように、ずっとあとになって得られるものだと述べているのである。

ミネルヴァはローマの知恵の女神で、賢いフクロウと関連づけられることが多い。ヘーゲルが賢かったか、愚かだったかについてはいろいろ議論されているが、影響力をもっていたのは確かだ。歴史の展開にはパターンがあるというヘーゲルの見方はカール・マルクス（27章）に刺激を与え、変化を起こした。マルクスの思想がきっかけとなって、20世紀初頭にヨーロッパで革命が勃発したからだ。だが、ヘーゲルは多くの哲学者の反感を買った。ヘーゲルの著作を、用語を不正確に使う危険な例として扱う者もいた。バートランド・ラッセル（31章）はヘーゲルの著作を軽蔑し、A・J・エイヤー（32章）は、ヘーゲルの文章のほとんどはまったく意味がないと断言した。エイヤーにとって、ヘーゲルの著作は無意味な散文にすぎず、まったく魅力がないものだった。一方、ピーター・シンガー（40章）らは、ヘーゲルの思想はとても深く、著作が難解なのは、向き合っている概念が独創的で、とらえどころがないものだからだと主張した。

ヘーゲルは、現在のドイツにあるシュトゥットガルトで1770年に生まれ、フランス革命の時代に育った。フランス革命によって君主制が打倒され、新しく共和制が確立されたのを、ヘーゲルは「**栄光の夜明け**」と呼び、学校の友人とともに記念樹を植えた。この時期の政治的な不安と急進的な変革は、ヘーゲルの残りの人生に影響を及ぼした。基本的な前提が覆される可能性があること、ずっと変わらないように思えるものもそうとはかぎらないことを感じたからだ。それにより、思想は、時代と直接、結びついていて、歴史的背景と無関係に理解するのは難しいという知見につながった。ヘーゲルは、自分が生きているうちに、歴史に決定的な段階が訪れたと信じた。また、個人としては、無名の状態から、名声を得られるようになった。裕福な家の家庭教師だったヘーゲルは、その後、学校の校長になり、最終的にはベルリンで大学の教授になった。著書のなかには、自分の哲学を学生が理解できるようにとつくった講義用のノートを元にしたものもあった。ヘーゲルは、亡くなるまでに、当時もっともよく知られ、もっとも高く評価された哲学者となった。ヘーゲルの著作の難解さを考えれば、きわめて驚くべきことだ。ヘーゲルの教えを理解し、意見を交わし、政治的、形而上学的な意味を明らかにしようとした熱心な学生たちがいたおかげである。

ヘーゲルは、イマヌエル・カントの形而上学（19章）の影響を受けながらも、真の物自体は現象の向こうにあるというカントの見方を否定するようになった。経験をもたらす知覚の向こうに物自体があるのではなく、心が形づくる現実がまさに現実であり、その向こうには何もないと主張した。だが、現実が固定されたものだということではない。ヘーゲルにとっては、すべてが変化の過程にあり、その変化は自己認識の漸進的に高まりによって示される。自己認識が、生きている時代によって固定化されるのだ。

歴史全体を、小さく折りたたまれた長い紙切れだと考えてみよう。何が書いてあるかは、すべてを開いてみるまでわからない。最後の最後に何が書かれているかも、開いてみなければわからない。どう開くかには、あらかじめ決まった方法がある。ヘーゲルにとって、真理とはつねに自己理解という目標に向かって進み続ける。歴史は決して偶然のものではない。どこかに向かっている。振り返って見渡せば必然だったことがわかる。こうした考えは、初めは奇妙に思えるかもしれない。読者のみなさんの多くは、ヘーゲルの意見に賛成できないかもしれない。歴史とは、たいていの人にとってヘンリー・フォードが言うように「ただ次々と事が起こる」のに近い。全体的な計画などなく起こる出来事の連続だ。歴史を研究して、過去の出来事の原因と考えられるものを見つけ、将来、何が起こるかを予想することはできるかもしれない。だが、それは、ヘーゲルが考えたような必然的なパターンがあるのではなく、歴史がどこかに向かっているということではない。さらに、歴史が徐々に自己を認識するということでもない。

ヘーゲルの歴史研究は、哲学の研究と無関係ではなく、哲学の研究の一部であり、しかも主要な部分だった。歴史と哲学は複雑に絡み合い、より良いものに向かって進んでいるとヘーゲルは考えた。そう考えたのは、ヘーゲルが最初ではない。宗教ではたいてい、キリストの再臨のような終点に歴史が向かっていると説明される。ヘーゲルはキリスト教信者だったが、教義の正統とはほど遠い解釈をした。ヘーゲルが考えた歴史の終点は、キリストの再臨ではなく、それまで誰も認識しなかったものだ。それは、理性の発達をとおして、徐々に、必然的に生まれる**精神の自己意識**である。

だが、精神とは何だろう。また、精神が自己を意識するとはどういうことだろうか。精神はドイツ語で「ガイスト（Geist）」だ。その正確な意味については、学者たちのあいだで意見が分かれている。「心」と訳したほうがいいという者もいる。ヘーゲルはすべての人間のひとつの心といった意味で使っていたようだ。ヘーゲルは観念論者だった。この精神あるいは心は根源的なものであり、物質的な世界に表出するのだと考えた（対照的に、唯物論者は物質が根本だと考える）。ヘーゲルは、個人の自由が徐々に拡大するという観点から、世界の歴史を語り直した。人間は、個人の自由から、一部の人々の自由を経て、誰もが政治的に自由になり、社会に貢献できる世界に向かっている、と。

思考を進歩させる方法のひとつとしてヘーゲルが考えたのは、ある考えとそれに反する考えとの衝突だ。ヘーゲルは、みずからの弁証法に従えば真実に近づけると信じた。まず、ある考え、つまり命題（テーゼ）が提示される。すると、それに対する異議、すなわち反対命題（アンチテーゼ）が示される。このふたつが衝突して、複雑な第3の見解、すなわち両方の統合（ジンテーゼ）が現れる。さらに、たいていは、この過程が繰り返される。新しいジンテーゼがテーゼになり、それに対するアンチテーゼが立てられる。精神による完全な自己理解に到達するまでそれが続く。

すなわち、歴史の主眼は、精神がみずからの自由を理解することになる。ヘーゲルは古代中国やインドの専制君主のもとに生きた人々をとおして、この推移を辿った。こうした「東洋人」はみずからが自由だと知らずに生涯を過ごした。このうえない権力をもつ統治者のみが自由だったのだ。ヘーゲルから見れば、普通の人々は自由ということさえ知らないかのようだった。古代ペルシア人は、自由についてもう少し高度な認識をもっていた。ギリシャに敗北したことによって、自由についての認識が進んだのである。ギリシャ人と、のちのローマ人は、先人よりも自由に対する意識が高かった。それでも、奴隷を使っていた。このことから、彼らが、裕福な者や権力のある者だけでなく、人はすべて自由であるべきだということを完全には認識していなかったのがわかる。ヘーゲルは著書『**精神現象学**』（1807）の有名な一節で、主人と奴隷の争いについて論じている。主人は自意識をもつ個人として承認されたいと思い、そのために奴隷を必要としている。だが、奴隷も同じように承認されるに値することに気づかない。この不平等な関係は、片方が死ぬといった争いにつながる。だが、それは自己破壊である。結局、主人と奴隷は互いを必要とし、互いの自由を尊重しなければならないとわかるようになる。

しかし、ヘーゲルは、精神の真価を自覚するきっかけとなるキリスト教の信仰によってのみ、純粋な自由が可能となると主張した。ヘーゲルの時代に、歴史はその目標を実現した。精神はみずからの自由を自覚し、その結果、理性の原理によって社会の秩序がつくられた。これはヘーゲルにとって、とても重要なことだった。真の自由は、適切に構成された社会からのみ生じるからである。ヘーゲルの著書を読む人の多くが不安に思うのは、ヘーゲルが描いた理想的な社会では、有力者の社会観に合わない人は、自由の名のもとに「理にかなった」生き方を無理やり、受け入れなければならないのではないか、ということだろう。そういった人々は、ルソーの言葉によると「強制的に自由にさせられる」(18章)ようになる。

すべての歴史の最後に、ヘーゲル自身が真理の構造に気づいた。著書のひとつの最終ページで、そうした理解に到達したと思ったようだ。それは、精神が初めて自己を理解した瞬間だ。プラトン(1章)と同じように、ヘーゲルは、それ以降、哲学者を特別な存在だと考えるようになった。プラトンは、哲学者が王となって、理想の国家を統治すべきだと考えていた。ヘーゲルはそれとは対照的に、哲学者はある種の自己理解に到達できると考えた。それは、真理とすべての歴史を理解することでもあり、デルポイのアポロン神殿に刻まれた「汝《なんじ》自身を知れ」という言葉を実行するひとつの方法でもあった。人間の歴史が究極的にいかに展開するかを理解するのが哲学者だ、とヘーゲルは信じた。哲学者は、弁証法によって漸進的な目覚めが引き起こされるのを理解している。突然、哲学者の前ですべてが解明され、人間の歴史の目的が明らかになる。精神は自己理解の新しい段階に入る。それがヘーゲルの理論だ。

ヘーゲルの崇拝者は多かったが、アルトゥル・ショーペンハウアーはそのひとりではなかった。ショーペンハウアーはヘーゲルを、哲学者として認めていなかった。主題に対して、真剣に誠実に取り組んでいないと考えたからだ。ショーペンハウアーに言わせれば、ヘーゲルの哲学は馬鹿げている。一方、ヘーゲルはショーペンハウアーを「無知で忌々《いまいま》しい」と評した。

Chapter 23

現実の世界

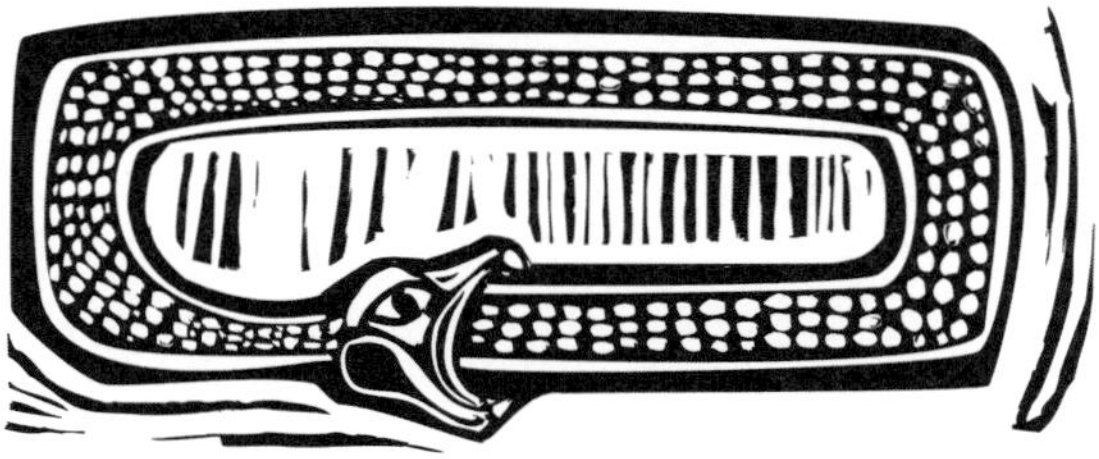

人生はつらい。生まれないほうが良かったのかもしれない。こんなふうに思う人はそれほど多くないかもしれないが、**アルトゥル・ショーペンハウアー**（1788〜1860）はそう考えた。ショーペンハウアーによると、わたしたちはみな、ものを求め、手に入れ、さらに多くのものを求めるという、絶望的な循環に巻き込まれている。それは死ぬまで終わらない。望んだものを手に入れたように思えても、また別のものを望むようになる。大富豪になったら満足するかもしれないが、長くは続かず、まだ手にしていないものをほしがる。人間とはそういうものだ。決して満足しないし、もっている以上のものを渇望し続ける。なんとも気が滅入る話だ。

とはいえ、ショーペンハウアーの哲学は、思うほど暗いものではない。ショーペンハウアーは、現実の本質に気づくことさえできれば、人間は行動を変え、人生の殺伐とした部分のいくらかを避けることができると考えた。仏陀の教えにとても近い。仏陀は、生きることは苦しみを伴うが、「**自我**」がなくなる深い境地があり、その境地に達することができれば**悟り**を得られると言った。この類似は偶然ではない。西洋の哲学者にしては珍しく、ショーペンハウアーは東洋の哲学について広く学んだ。机の上には、大きな影響を受けたイマヌエル・カントの像と並べて、仏像を置いていたほどだ。

だが、ショーペンハウアーは仏陀やカントとは異なり、陰気で、気難しく、うぬぼれが強かった。ベルリン大学で講師の職を得たとき、みずからの才能を過信して、ヘーゲルとまったく同じ時間に講義を行うと言い張った。これは良い思いつきとは言えなかった。ヘーゲルはとても人気があったので、ヘーゲルのほうには大勢が詰めかけ、ショーペンハウアーの講義を受ける学生がほとんどいなかったからだ。その後、ショーペンハウアーは大学を去り、遺産に頼って暮らした。

もっとも有名な著書である『**意志と表象としての世界**』は1818年に出版されたが、その後もショーペンハウアーはその本に取り組み続け、1844年にさらに長い版を刊行した。中心となる考え方はとても簡潔である。**現実には意志と表象のふたつの側面がある**ということだ。意志は、すべてのものに必ず見られる盲目的な原動力だ。植物や動物を育て、磁石を北に向け、結晶を形成する力であり、自然界のあらゆるところに存在する。もう1つの側面である表象としての世界は、わたしたちが経験している世界のことだ。

表象としての世界は、わたしたちの心にある現実が形になったものである。カントはそれを現象界と呼んだ。周りを見てほしい。窓の外に、木、人、車などが、あるいは目の前に本書が見えるだろう。鳥の鳴き声、車の音、別の部屋の物音が聞こえているかもしれない。五感を通して経験しているものが表象としての世界だ。わたしたちはそのようにして世界を理解し、意識を働かせる。心が体験をつくりだして、意味をもたらすのである。わたしたちは、こうした表象としての世界に生きている。だが、ショーペンハウアーは、カントと同じように、経験の及ばない現実、姿を見せない世界も別に存在すると信じた。カントは、それを人間が直接、知ることができない物自体の世界（叡智界）と名づけた。ショーペンハウアーの意志としての世界は、カントの叡智界とやや似ているが、重要な違いがある。

カントは、物自体について説明し、現実は複数の部分からできていると考えた。だが、物自体を理解できないものだと断言しているので、それをどのように知ったのかはわからない。一方、ショーペンハウアーは、物自体が分離していると仮定はできないとした。分離したものであれば、空間と時間が必要になる。カントはこのような空間や時間は現実にあるのではなく、個人の心によってつくりだされると信じた。ショーペンハウアーは、意志としての世界を、存在するすべてのものの背後にある、方向性のない、統合された単一の力だと述べた。人間は、この意志としての世界を、みずからの行動を通じて、あるいは、芸術体験をとおして捉えることができる。

本書を読むのを中断し、手を頭の上に置いてみよう。何が起こるだろうか。あなたを見ている人は、あなたの手が上がり、それが頭の上に置かれるのを目にする。鏡をのぞけば、あなた自身も見ることができる。

これは、現象界、すなわち表象としての世界だ。だが、ショーペンハウアーによれば、体を動かすという体験には、内的な側面もある。現象界の経験とは異なる方法で感じることのできるものだ。意志としての世界は、直接、経験できない。だが、その経験に近づくことができるのが、意図的に行動するとき、すなわち、意志によって身体を動かすときである。そこで、ショーペンハウアーは、「**意志**」という言葉を選んで表現した。もっとも、このエネルギーが意図的な行為と関係するのは、人間の場合だけだ。植物は意図的に成長しないし、化学反応も意図的には起こらない。つまり、「意志」という言葉が、一般的な意味とは異なるのを理解するのが重要である。

「意志をもって」行動する人には、目的がある。何かをしようとしている。だが、それは、ショーペンハウアーの、意志としての世界で起こる現象とは異なる。ショーペンハウアーの意志は、目的をもたない。あるいは、ショーペンハウアーがときに述べているように「盲目的」であって、特定の結果をもたらそうとはしない。主張もしないし、何かを目指しているわけでもない。意識的な活動や、すべての自然現象に存在する、エネルギーの大きな高まりにすぎないのである。ショーペンハウアーによると、方向を示す神は存在しない。また、意志そのものは神ではない。人間は、すべての現実と同じように、目的のないこの力の一部なのだ。

だが、人生を耐えられるものにする経験もある。たいがいは芸術によるものだ。芸術は、静かな瞬間を提供し、わたしたちは、つかの間、もがいたり求めたりする終わりのない循環から逃れられる。音楽がもっとも効果的だ。ショーペンハウアーは、音楽が、意志そのものの複写だと述べ、それが、音楽が深い感動を呼び起こす理由だと考えた。正しい心構えでベートーベンの交響曲を聞けば、感情を刺激されるだけでなく、ありのままの現実を感じられる。

ショーペンハウアーは、哲学者として初めて芸術に焦点を当てたため、さまざまな創作活動をする人たちから高く評価された。音楽が芸術のうちでもっとも重要だと信じたので、作曲家や音楽家に愛されている。レフ・トルストイ、マルセル・プルースト、トーマス・マン、トーマス・ハーディなどの小説家も引きつけた。ディラン・トマスは、「緑の導火線を通して花を駆りたてる力」という詩を書いている。これは、ショーペンハウアーの意志としての世界という説明に触発されたものだ。

ショーペンハウアーは、現実や、現実とわたしたちとの関係について述べただけではなかった。わたしたちがどのように生きるべきかについても考えた。わたしたちがエネルギーの一部であること、表象としての世界にしか存在できないことに気づけば、行動は変わるはずだ。他人に害を加えるのは、自分を傷つけるのと同じだ。それは、すべての倫理観の基礎である。人を殺せば、すべての人々を結びつける生命の力の一部を壊すことになる。他者を傷つけるのは、ヘビが毒牙でおのれの尾を噛むようなものだ。ショーペンハウアーが説いた基本的な倫理観は、同情の一種である。すなわち、他者は、自分の外部にあるのではない。他人に起こることが気になるのは、その人が自分と同じように、意志としての世界の一部だからだ。

これが、ショーペンハウアーの表向きの道徳的な立場だ。もっとも、ショーペンハウアーが他者にこうした関心を抱いていたかは疑わしい。あるとき、ショーペンハウアーは家の前で話し込んでいる年老いた女性に腹を立て、その女性を階段から突き落として怪我をさせた。そのため、生涯、慰謝料を払い続けるよう、裁判所に命じられた。数年後に女性が亡くなっても、一切の同情を示さなかった。それどころか、死亡診断書にふざけた詩をラテン語で書きつけた。「老婆は逝き、重荷は去った」。

願望の循環に折り合いをつけるもうひとつの、より極端な方法がある。それは、世界に背を向けて、**禁欲主義者**になることだ。性欲も物欲も捨てるのである。これが生きることに耐えるための理想的な手段だ、とショーペンハウアーは考えた。東洋の多くの宗教が選択する解決策でもある。だが、ショーペンハウアーは、年を重ねるにつれて社会生活から身を引くようにはなったものの、決して禁欲主義者にはならなかった。人生の大半において、人とのつきあいを楽しみ、情を通じ、大いに食べた。偽善者と呼びたくなるだろう。確かに、著作に見られる悲観主義はときにとても深刻であり、その主張に忠実であれば、みずから命を絶っていただろうと感じる読者もいるかもしれない。

反対に、ヴィクトリア朝の偉大な哲学者ジョン・スチュアート・ミルは、楽観主義者だった。厳格な思考と討論によって、社会変革が進み、より良い世界がもたらされると主張した。それは、もっと多くの人が幸せで満足な暮らしを送れる世界だ。

Chapter
24

成長するための空間

子供の頃、ほかの子たちとあまり関わらなかったとしたら。遊ぶかわりに、家庭教師からギリシャ語や代数を教わったり、聡明な大人と会話をしたりしたら、どのような人間に成長するだろうか。

ジョン・スチュアート・ミル（1806〜1873）は、そのように育った。ミルは実験の結果だった。ジェレミー・ベンサムの友人だった父、ジェームズ・ミルは、子供の心が白紙のようにまっさらな状態であるという、ジョン・ロックの主張を支持していた。子供は正しく育てば天才になる可能性が高い、と信じた。そこで、息子が同世代の子供たちと遊んで時間を無駄にしたり、そうした子供たちから悪い習慣を学んだりしないように、自宅で教育を行うことにした。だが、知識を詰め込んだり、無理やり、覚えさせたりしたわけではない。ソクラテス式問答法を用いて、単に丸暗記をするのではなく、学んでいる概念について深く考えさせた。

そのおかげで、ミルは3歳で古代ギリシャ語を学び、6歳でローマ史について書き、7歳でプラトンの問答を原語で読むことができた。8歳になると、ラテン語を学び始めた。12歳のときには、歴史、経済、政治を完璧に理解し、数学の複雑な方程式を解き、科学に情熱と興味を抱いていた。驚くべき才能である。20代ですでに、一流のすぐれた思想家と認められたものの、変わった幼少期を過ごした経験が生涯つきまとい、いつも孤独で、どこかよそよそしかった。

それでも、ミルは天才になった。父の実験が成功したのだ。ミルは、不当なことと戦う運動家、女性解放論者の草分け（受胎調節を推進したことで検挙された）、政治家、ジャーナリスト、偉大な哲学者となった。おそらく、19世紀でもっとも偉大な哲学者だったろう。

功利主義者として育てられたミルは、ベンサムから大きな影響を受けた。ミルの家族は、毎年、夏にイングランド南東部サリーの郊外にあるベンサムの家に滞在した。ミルは、正しい行いが最高の幸福をもたらすというベンサムの主張には賛成だったが、幸福を快楽だとする見方はあまりに単純すぎると考えるようになった。そこで、高次の快楽と低次の快楽を区別する理論を組み立てた。

たとえば、泥まみれの小屋で転げまわり、桶のエサをもぐもぐ食べる満ち足りたブタと、悲しみに暮れた人間とでは、どちらになりたいだろうか。ミルは、満ち足りたブタよりも、不満足な人間を選ぶのが当然だと考えた。それはベンサムの思想とは反する。ベンサムは、重要なのは快楽の経験であり、それがどんなものかは関係がないと述べている。ミルはそう思わなかった。快楽はさまざまであり、ほかよりも明らかに望ましいものがあると考えた。低次の快楽をいくら重ねても、つかの間の高次の快楽にはかなわない。動物が経験するような低次の快楽が、読書をしたり、演奏会で音楽を聴いたりするといった、知的な高次の快楽に勝ることは決してない。さらに、満足した愚か者であるよりも、不満足なソクラテスであるほうがいい。なぜなら、哲学者であるソクラテスは、愚か者が決して体験できないような深遠な快楽を、思考によって得ることができたからだ。

　ミルの主張を正しいと思うべき理由は何だろうか。高次と低次の両方の快楽を経験した人は誰でも高次の快楽を好むから、というのがミルの答えだ。ブタは本を読んだり、クラシック音楽を聴いたりできないため、意見を聞く必要はない。もしブタが本を読むことができたら、泥の上を転がるよりも、そちらを好んだだろう。

　これがミルの考え方だ。それに対し、ミルは、誰もが自分と同じように泥のなかで転げ回るよりも読書を好むと決めつけていると指摘する者もいた。しかも、ミルが、快楽の量だけでなく、質の違い（高次と低次）を言い出したため、何をするべきかを算出するのがより難しくなった。ベンサムの考え方は、あらゆる快楽と苦痛を同じ物差しで測ることができるという単純さが良かったのである。ミルは、高次と低次の快楽をいかに換算するかを提唱していない。

　ミルは、みずからの功利主義的な考え方を、人生のあらゆる部分で用いた。人間のことを木と似ていると考えた。木は成長するのに十分な空間を与えられないと、ねじ曲がり、弱くなる。だが、適切な場所に置かれれば、縦横に大きく育つ。人間も、適切な環境にいれば成長する。それによって幸福が最大化されるために、本人だけでなく、社会全体にとっても良い結果となる。1859年に、ミルは、短いが影響力のある本を出版し、能力を伸ばすのに適当だと思われる空間を個人に与えることが、社会をつくる最良の方法だと論じた。その著作『**自由論**』は、現代でも広く読まれている。

パターナリズム（父親的干渉主義）は、ためになるからと言って、他者に何らかの行動を強要することだ。たとえば、子供に野菜を食べるように強《し》いる。子供が野菜を食べるのは、他者の利益にはならない。親は、子供自身の利益のために、野菜を食べさせる。ミルは、子供に向けられるパターナリズムは良いと考えた。子供は、自分自身から守られ、何かと管理される必要がある。だが、文明社会で大人に向けられるパターナリズムは、容認できなかった。唯一、正当化できるのは、誰かを傷つける行動をする恐れがあるときか、深刻な精神的問題を抱えている場合だ。

ミルの主張は単純で、**危害原理**として知られている。すべての大人は、他人を傷つけないかぎり、自由に、生きたいように生きるべきだというものだ。これは、人々に良い道徳観を押しつけることが政府の役割のひとつだとされていたヴィクトリア時代のイギリスでは、挑戦的な考えだった。ミルは、自由に行動できることが、幸せをもたらすと考えたのだ。ミルを悩ませたのは、人々が何をすべきかを政府が命じていたことだけではなかった。社会的圧力が働いて、多くの人がやりたいことをできず、なりたいものになれないことを嫌った。ミルはこれを「**多数者の専制**」と呼んだ。

「あなたがどうすれば幸せになれるかを知っている」と言い出す人がいるかもしれない。そういう人はたいてい間違っている。どんな人生を歩みたいかは、誰よりもあなた自身がわかっている。たとえそうでなくても、何らかの生き方を強いるよりも間違えさせるほうがいい、とミルは主張した。これは、個人の自由を制限するより拡大するほうが、社会全体により大きな幸せをもたらすという、ミルの功利主義と一致する。

ミルによると、天才はほかの人以上に、能力を伸ばすための自由を必要とする（ミル自身もそのひとりだ）。このように行動すべきといった社会の期待にめったに適応できず、風変わりと思われることが多い。もし、天才の成長を阻害すれば、社会にとって大きな損失となる。彼らが行ったかもしれない社会への貢献がなされないからだ。つまり、最大限の幸福を実現するには、他人を干渉せずにおくことだ。もちろん、そのことによって、人を傷つける可能性がない場合にのみである。行為が不快だからといって、そういった生き方を妨げる理由にはならない。ミルは、それをはっきり区別した。不快であることと、人を傷つけることは違うのである。

ミルの考え方は困った結果を招くことがある。家族のいない男性が、毎晩ボトル2本のウォッカを飲むとする。その男性が、アルコールの飲みすぎで死んでしまうのは、容易に想像できる。法によって介入し、止めるべきだろうか。他者を傷つける恐れがなければ介入すべきではないと、ミルは言う。その男性と話し合い、体を壊すと警告するのはいい。だが、強制的にやめさせるべきではないし、政府が止めるべきでもない。男性が自由に選択すべきだ。もし、幼い子供がいるなら選択の自由というわけにはいかないかもしれないが、養っている家族はいないのだから好きにしていい。

ミルは、すべての人が、生き方の自由と同様に、考えたいように考え、話したいように話す自由を与えられなければならないとした。開かれた議論は、自分が信じることについて真剣に考えるようになるため、社会にとって大きな利益となる。見解の異なる人の意見を聞かなければ、結局は「死んだ独断」すなわち、正当に主張できない偏見をもつことになるだろう。だが、暴力を引き起こすのは良くないとした。「穀物商は貧しい人を餓死させる」などとジャーナリストが自由に論説に書くのはいいが、穀物商の前に集まっている興奮した暴徒の先頭に立って同じ言葉のプラカードを掲げるのは暴力を誘発することであり、危害原理によって禁じるべきとした。

だが、多くの人がミルの意見に反対だった。自由に対する考え方が、自分の人生についてどのように感じるかが大切だということに偏りすぎていると捉える人もいた（たとえば、ルソーの自由の概念よりもかなり個人主義的だ。18章参照）。ミルが、道徳を破壊する寛容な社会への扉を開いたと言う人もいた。同時代のジェームズ・フィッツジェームズ・スティーブンは、たいていの人にとってはどう生きるかについての選択肢はあまり多くないほうがいいと述べた。好きなようにさせておくと、自滅的な決断をする人があまりに多いからだ。

当時、ミルがとくに革新的だったのは、女性の解放論だ。19世紀のイギリスでは、既婚女性は個人の財産をもつことが許されず、夫による暴力や性的虐待からも法的に守られていなかった。ミルは『**女性の解放**』（1869）で、男性も女性も、法的にも社会的にも平等に扱われるべきだと主張した。周囲から、女性は生来、男性よりも劣っていると言われることもあった。そういうときは、女性は実力を発揮する機会を奪われているのに、なぜそれがわかるのかと尋ねた。女性は、水準の高い教育や、多くの知的な職業から遠ざけられていた。ミルはとりわけ、男女の平等を望んだ。結婚が対等な者同士の友愛関係であるべきだと述べた。ミル自身はかなり年を重ねてから、未亡人のハリエット・テイラーと結婚した。結婚生活は、ミル自身が主張したようなもので、ふたりはとても幸せだった。ハリエットの前夫が生きているときから親密な友人（おそらく恋人でもあっただろう）だったふたりだが、一緒になるのは1851年まで待たなければならなかった。ハリエットは『自由論』と『女性の解放』の執筆を助けたが、残念ながら、その出版前に亡くなった。『自由論』は1859年に出版された。同年、さらに重要とも言える書が世に出た。チャールズ・ダーウィンの『種の起源』である。

Chapter 25 知性なきデザイン

「あなたはサルの血縁ということですが、それはおばあさまのほうですか、それともおじいさまのほうですかな？」――この大胆な質問は、サミュエル・ウィルバーフォース大司教がトマス・ヘンリー・ハクスリーに対して発したものだ。1860年、オックスフォード大学歴史自然博物館での討論会の席上のことだった。ハクスリーは、**チャールズ・ダーウィン**（1809〜1882）の見解を擁護していた。ウィルバーフォースの質問は侮辱でもあり、冗談でもあった。だが、しっぺ返しをくらった。ハクスリーは、小声でつぶやいた。「ありがたい。彼をわたしの手に委ねてくれるなんて」。それから答えた。科学的概念を馬鹿にして議論を深められない人間でいるよりは、むしろサルの親戚のほうがいい、と。さらに、はるか昔は、父方も母方も祖先はサルだったと説明さえしたかもしれない。それがダーウィンの主張だった。人間は誰もがサルの子孫なのだ。

この見解は、1859年にダーウィンの著書『**種の起源**』が刊行されたときに物議を醸《かも》した。それ以降、人間だけが他の動物とまったく異なる、と考えることは不可能となった。人間はもう特別ではなくなった。ほかの動物と同じように自然の一部なのだ。いまでは当然のことだが、ヴィクトリア時代の人々にとっては驚くべきことだった。

人間が類人猿に近いことは、チンパンジーやゴリラの近くで過ごしたり、鏡をじっと見たりすればすぐにわかるはずだ。しかし、ダーウィンの時代、多かれ少なかれ誰もが人間は他の動物とは違うと考えていたので、動物が祖先にいると主張することは馬鹿げていた。ダーウィンは悪魔の仕業により、おかしな考えにとりつかれた、と多くの人が考えた。

キリスト教徒のなかには、創世記は、神が6日間でせっせとすべての動物と植物を創造したという事実を語ったものだと固く信じる人もいた。神はこの世界と存在するすべてのものを、それぞれ永遠にあるべき場所に設計したはずだ。天地創造以来、動物も植物もずっと変わっていないと信じた。現代になっても、人間が進化によって、いまの姿になったと信じることを拒否する人もいる。

ダーウィンは生物学者であり、地質学者でもあったが、哲学者ではなかった。本書になぜダーウィンの章があるのかと不思議に思うかもしれないが、自然淘汰による進化論と現代の進化論は、哲学者や科学者が人間について考えるときに、深い影響を及ぼしている。どの時代においてももっとも影響力のある科学理論なのだ。現代の哲学者ダニエル・デネットは、進化論を「過去最高の理論」と評している。この理論は、人間や周囲の動植物がどのようにいまの形となり、さらにどう変化し続けているかを説明している。

この理論が提唱された結果、神は存在しないと考えるのがこれまでにないほど容易になった。動物学者のリチャード・ドーキンスはこう述べている。「ダーウィンが『種の起源』を刊行した1859年以前に無神論者でいることは想像できない」。もちろん、1859年以前も無神論者はいた。17章に登場したデヴィッド・ヒュームもそのひとりだろう。彼のあとにもたくさんいる。進化論を信じるからといって、無神論者である必要はない。深い信仰をもちつつも、ダーウィンを信じる人は多い。だが、ダーウィンを信奉するのであれば、神がすべての種をいまの姿に創造したと信じることはできない。

ダーウィンは若い頃、軍艦ビーグル号で5年間航海し、南アメリカ、アフリカ、オーストラリアを訪れた。誰にとってもそうだっただろうが、この旅はダーウィンにとってとても重要なものになった。ダーウィンは、出発前はとくに将来を嘱望された学生ではなく、人間の思考にこんなにも大きな貢献をすると期待されてもいなかった。学校では平凡な生徒だった。狩猟やネズミを撃つことにうつつを抜かしていたので、父親からは、浪費家となり、一家の恥さらしになるだろうと思われていた。エディンバラで医師となる訓練を受けたがうまくいかず、牧師となるために、ケンブリッジ大学で神学を学んだ。暇を見つけては昆虫や植物を収集した。それでも、歴史上もっとも偉大な生物学者になる片鱗も見られなかった。さまざまな意味で、道に迷っていたのかもしれない。自分が何をしたいのかが、まったくわかっていなかった。だが、ビーグル号の航海がダーウィンを大きく変えた。

航海の目的は、訪問する海岸線を地図にするなどの科学的調査だった。ダーウィンは、十分な資格はなかったものの、公式に植物学者として参加し、船が上陸するたびに、岩や化石、動物を詳細に観察した。小さな船は、すぐに採集した見本でいっぱいになった。幸いなことに、そのほとんどをイギリスへと送って、後に調べることができた。

航海の最大の収穫は、南アメリカ大陸からおよそ500マイル離れた火山列島であるガラパゴス諸島を訪れたことだ。ビーグル号は1835年にガラパゴスに着いた。そこにはゾウガメやウミイグアナなど、興味深い動物がたくさんいた。その時点ではわからなかったが、ダーウィンの進化論にとってもっとも重要だったのは、地味な外見のフィンチだった。この鳥をたくさん撃ち落とし、詳しく調べるためにイギリスに送った。後に調べたところ、13の異なる種があるのがわかった。くちばしに微妙な違いがあったのだ。

ダーウィンは、帰国後、牧師になるのをやめた。旅行中に送った化石や植物、動物標本などのおかげで、科学界ではダーウィンの名が知られるようになっていた。そこで、博物学者として過ごし、岩や船体の外側につくカサガイによく似たフジツボの世界的専門家となると同時に、進化論について研究を続けた。そして、この理論について考えるほど、生物は自然淘汰による進化をし、永遠に同じ形ではなく、変化しているという確信が強くなった。最終的に、環境に適応した動植物は長く生存し、子孫にその特性を残せるという考えに行きついた。それを長いあいだかけて繰り返すことによって、動物や植物は、まるで発見された環境で生きるようにつくられたかのように進化したのだ。実は、長い時間をかけて現在の形に変化したのである。ガラパゴス諸島には、進化論を証明する最良の例がいくつか見られた。たとえば、歴史上のどこかの時点で、フィンチは大陸から強風などに吹き流されてそれぞれの場所に渡ったのだろう。何世代にもわたって、フィンチは、それぞれが生きる島の環境に適合していった。

同じ種のすべての鳥がまったく同じではなく、たいがいは多くの違いが見られる。たとえば、ある島は他の鳥よりもくちばしが少し尖《とが》っている。くちばしが尖っていることが長く生存する役に立つなら、子孫を残せる可能性は大きくなる。植物の種子を食べるのに適したくちばしをもつ鳥は、種子が多い島では都合がいいが、おもな餌は木の実を割って食べる島では苦労するかもしれない。くちばしのせいで餌を食べるのに苦労すれば、繁殖の相手を見つけ、子孫を残すまで生き延びるのは難しいだろう。そのため、そのくちばしの特徴は子孫に伝えられない。餌に適したくちばしの鳥は、その特徴をおそらく子孫に伝えられる。その結果、種子の多い島では、種子を食べるのに適したくちばしの鳥が優勢になる。このように何千年もかけて、鳥は最初に島にやって来たのとは大きく異なる種に進化する。環境に合わないくちばしをもつ鳥は徐々に死に絶える。別の環境の島では、また少し異なる進化をしたのだろう。長い時間をかけて、フィンチのくちばしは環境により適した形へと変わっていった。島によって環境が異なるため、繁殖しているのは、その島の環境にもっとも適したフィンチと言える。

ダーウィン以前にも、動植物が進化することを論じた人はいた。祖父のエラズマス・ダーウィンもそうである。ダーウィンは、祖父の論に自然淘汰による適応の理論、適者生存によって特質が伝わる過程を付け加えたのだ。

生存競争によってすべてが説明できる。これには異なる種のあいだの争いだけでなく、同種間の争いも含まれる。生物は、次の世代に自分の特質を伝えるために競争をするのだ。動物や植物の特質が、まるで高度な知性が創造したかのように思えるのはそのためである。

進化は、知性によって起こるのではない。その背景には、良心もなく、神もいない。少なくとも、そうしたものが存在する必要はない。人間的な感情もない、自動操縦の機械のようなものだ。どこに向かうかもわからず、つくりだす動物や植物について考えてもいない。つくりだしたものに関心もない。つくりだされた動物や植物は、まるで誰かが巧みに設計したものとしか思えないが、そうではない。ダーウィンの理論は、ずっと単純でずっと的確な説明となっている。さらに、なぜ、多くの種類の生物が存在し、住んでいる環境に適合したさまざまな種がいるのかも説明している。

１８５８年になっても、ダーウィンは発見したことを出版できずにいた。本は執筆中だったが、正確を期したかったのだ。アルフレッド・ラッセル・ウォレス（１８２３～１９１３）という博物学者が、進化論に似た考え方を詳しく述べた手紙をダーウィンに送った。この偶然により、ダーウィンは進化論を公にすることに決め、最初はロンドンのリンネ協会で発表し、翌年１８５９年には『種の起源』を出版した。長い時間を投じて組み立てた理論を、ウォレスに先に発表されたくなかったのである。『種の起源』によって、ダーウィンはすぐに有名になった。

ダーウィンの著書を読んで、納得できない者もいた。ビーグル号の船長だったロバート・フィッツロイもそのひとりだった。フィッツロイも科学者であり、気象予報システムの発明者でもあるが、聖書の天地創造の物語を固く信じていた。そのため、信仰を脅《おびや》かすことになる一端を担ったことにうろたえ、ダーウィンを船に乗せなければよかったと後悔した。こんにちでさえ、創世記の物語は真実であり、生命の誕生を描いていると信じる人がいる。しかし、科学者たちは、進化の基本的な過程はダーウィンの理論で説明できるという強い自信をもっている。ダーウィン以降、進化論とその現代版を立証する証拠が数かぎりなく出てきたからだ。たとえば、遺伝学は、遺伝がどのように行われるかについて、詳細に説明している。遺伝子や染色体について、また、特別な性質を受け渡す化学的な過程についてもわかってきた。化石の証拠もこんにちではダーウィンの時代よりも、はるかに説得力がある。そのため、自然淘汰による進化論は単なる仮説の域を超え、数多くの証拠を備えている。

ダーウィンの進化論は、神の存在証明とされる伝統的なデザイン論を破壊し、多くの人の信仰を揺るがしたかもしれない。だが、ダーウィン自身は、神が存在するかどうかについては柔軟に考えていた。研究仲間にあてた手紙には、それについてはまだ結論を出すときではない、と述べている。「この問題は、人間の知恵で解くには深すぎる。犬もニュートンの心を推し量っていたのかもしれない〔ニュートンの飼っていたダイヤモンドという名のポメラニアンが燭台を倒して、執筆中の論文を灰にしてしまったことがあった〕」。

ダーウィンとは異なり、セーレン・キルケゴールは信仰についての思索を中心に研究を行った。

Chapter
26

命がけの信仰

アブラハムに神のお告げがあった。それは実に恐ろしいものだった。たったひとりの息子であるイサクを生贄《いけにえ》に捧げなければならない。アブラハムは苦悩する。息子を愛している。だが、敬虔なアブラハムは、神に従わなければならないことがわかっていた。旧約聖書の創世記にあるこの話では、アブラハムは神に言われたとおり、息子をモリヤの山頂に連れて行き、石の祭壇に縛りつけ、ナイフで殺そうとする。しかし、すんでのところで神が天使を遣わして、それを止める。アブラハムは代わりに、近くの茂みで捕らえた雄羊を捧げる。神はアブラハムの忠実さに報いて、息子のイサクを生かしてやる。

この話には一般的に次のような教訓があると考えられている。「信仰をもちなさい。神が言われたとおりにすれば、すべてが最善の結果になる」。重要なのは、神の言葉を疑わないことだ。しかし、デンマークの哲学者**セーレン・キルケゴール**（1813〜1855）にとっては、それほど単純な話ではなかった。著書**『おそれとおののき』**（1842）で、キルケゴールはアブラハムの気持ちを想像している。疑問、恐れ、苦悶。自分の家から、イサクを殺さなければならない山頂までの道のりを行く3日のあいだに、何がアブラハムの心をよぎっただろうか。

キルケゴールは変わり者で、住んでいたコペンハーゲンになかなか溶け込めなかった。小柄で細身の彼は、日中、友と話しながら街を歩き回り、自分をデンマークのソクラテスだと考えた。夜は、ロウソクで囲まれた机の前で立ったまま執筆をした。キルケゴールの奇癖のひとつは、家で執筆をしていたのに芝居の幕間に現れ、芝居をまったく見てもいないのに、周りにはひとりで芝居を楽しんでいたかのように思わせることだった。キルケゴールは文筆家として精力的に仕事をしたが、私生活では苦渋の選択をしなければならなかった。

キルケゴールは、若い女性、レギーネ・オルセンと恋に落ち、結婚を申し込んだ。レギーネはその申し込みを受け入れた。だが、キルケゴールは、自分は結婚するには陰気すぎるし、あまりにも信心深いのではないかと不安になった。デンマーク語で「墓場」を意味する「キルケゴール」という名前どおりの人生を送るかもしれない。そこでレギーネに、結婚できない、との手紙を書き、婚約指輪を返した。その後、この決断をひどく気に病んで、幾夜もベッドで泣き明かした。レギーネは当然ながら打ちひしがれて、復縁を懇願した。だが、キルケゴールはそれを断った。それ以降のほとんどの著作が、どのような生き方を選ぶか、そして自分の決断が正しかったのかを確かめる難しさについて書かれたものだったのは、単なる偶然ではない。**意思決定**というテーマは、キルケゴールのもっとも有名な著作『**あれか、これか**』（１８４３）に組み込まれている。同書では、美を追い求める享楽の人生か、伝統的な道徳にもとづいた生き方か、つまり、美か倫理かの選択肢が読者に与えられる。だが、キルケゴールが何度も立ち戻ったテーマは、神に対する信仰だった。アブラハムの話がその中心である。キルケゴールにとって、神を信じるのは簡単な決意ではなく、一か八かの賭けをするような思い切りが必要だった。どう行動すべきかについての従来の考え方に反することすらありうる信仰にもとづいた決意なのだ。

　アブラハムが神に命じられたとおりに自分の息子を殺したとしたら、道徳的には間違っている。父親には息子の面倒を見るという基本的な義務がある。息子を宗教儀式の生贄として祭壇に縛りつけ、喉を切り裂くなどとんでもない。神がアブラハムに要求したのは、道徳を忘れ、信仰に身を投じろということだ。聖書では、アブラハムがこの通常の善悪の感覚を無視し、進んでイサクを生贄に捧げようとしたのが立派な行為として紹介されている。だが、それは誤った選択なのではないだろうか。そのお告げが神からのものでなかったらどうなるだろう。幻覚だったかもしれない。正気を失った状態で神の声を聞いたのかもしれない。それが神からのお告げだと、どうやって確信したのだろうか。神が最後には止めてくれると知っていたら、アブラハムはどんなに気が楽だっただろう。しかし、ナイフを振り上げ、息子の血を流そうとしたとき、アブラハムは我が子を本気で殺そうとしていた。そこが重要なのだ。アブラハムは、通常の倫理よりも神への信仰を選んだのである。そうでなければ、信仰とは言えない。信仰はリスクを伴う。また不合理でもある。理屈にもとづくものではない。

キルケゴールは、父親はつねに息子を守らなければならないといった通常の社会的な義務が、もっとも重要ではない場合もあると信じていた。神に従う義務のほうが、良き父親であることより、またほかのどんな義務よりも大事だ。人間の目から見れば、息子を生贄にしようと考えるだけでも、無情で、非倫理的かもしれない。だが、神の命令は、トランプで最強のエースのようなものだ。それ以上強いカードはないので、人間の倫理などもはや無意味だ。それでも、信仰のために倫理を捨てるには、すべてを危険にさらしたうえで、苦渋の決断をしなければならない。その結果、どんな恩恵を受けられるのか、何が起こるのかはわからない。命令が本当に神のものなのかも確信がもてない。この道を選ぶ人は、完全に孤独である。

キルケゴールはキリスト教信者だった。それでも、デンマークの教会を嫌い、周りの信者の独善的な振舞いに我慢ができなかった。キルケゴールにとって、宗教とは悲痛な選択であり、教会で賛美歌を歌うための聞こえのいい理由ではなかった。デンマークの教会はキリスト教の精神を歪《ゆが》めていて、真のキリスト教ではない。そう考えたせいで、キルケゴールの評判は悪かった。キルケゴールはソクラテスのように、批判や辛辣な言葉を嫌う周囲の人々の怒りを買った。

ここまでキルケゴールが何を信じていたかを自信たっぷりに論じてきたが、どの著書にせよ、キルケゴールが本当に意味したことを理解するのは難しい。これは偶然ではない。キルケゴールは、読者が自分で考えるように仕向けているのだ。本名ではなく、いくつかのペンネームを使ったのは（たとえば『おそれとおののき』はヨハンネス・デ・シレンツィオ、つまり沈黙のヨハネの名で書いた）、自分が書いたのだと知られないようにするためだけではなかった。誰が書いたのかは、おそらくキルケゴールが望んだように、多くの人がすぐに理解した。キルケゴールが創造した筆者は、世界に対する独自の見方をする人物である。それは読者に自分の見方を理解させ、著書に引き込むためのテクニックだったのだ。読者はその人物の視点をとおして世界を眺め、彼らが人生にいかに向き合っているかを考えるのである。

キルケゴールの著書は小説に似ていて、理論を構築するためにしばしば想像上の物語を用いる。『あれか、これか』では、架空の編集者ビクトル・エレミタが、中古の机の隠し引き出しから原稿を見つける。その原稿が同書の中心だ。原稿を書いたのは2人。キルケゴールはこの2人をAとBと呼ぶ。Aは快楽主義者で、新しい興奮を探し、退屈から逃れることを主な目的として生きている。短編小説のように読める日記の形式で彼が語る若い女性の誘惑についての話は、キルケゴールとレギーネとの関係に似ている部分もある。ただし、Aはキルケゴールとは異なり、自分自身の気持ちにしか関心がない。『あれか、これか』の第2部は、裁判官が道徳的な生き方を論証するかのように書かれている。第1部はAの興味を反映し、芸術、オペラ、誘惑に関する短い話で構成される。まるで著者がひとつの話題に長く心を留められないかのように。後半の第2部は、裁判官の人生観を反映して、より落ち着いた、よどみのない調子で描かれている。

ところで、キルケゴールに捨てられたレギーネ・オルセンが気の毒に思えるかもしれないが、彼女はある公務員と結婚して残りの人生は十分に幸せだったようだ。一方、キルケゴールはレギーネと別れたあと結婚せず、恋人さえつくらなかった。キルケゴールはレギーネを心から愛したのだ。うまくいかなかったふたりの関係は、キルケゴールが短い苦悩の人生で書いたほとんどの作品の源だった。

多くの哲学者と同様、キルケゴールは十分に評価されないまま、42歳で短い生涯を閉じた。しかし、その著書は20世紀にジャン＝ポール・サルトル（33章）などの実存主義者によく読まれた。サルトルは、前例となる規範なしに選択するときの苦悶に関するキルケゴールの考察にとくに魅了された。

キルケゴールにとっては、主観的な見方や個々の選択の経験こそがもっとも重要だった。カール・マルクスはより広い見方をした。マルクスはヘーゲルのように、歴史がどう展開するか、その原動力は何かを考えた。キルケゴールとは違い、マルクスは宗教による救済に希望を見出さなかった。

Chapter
27

団結する万国の労働者

19世紀、イギリス北部には何千もの紡績工場があった。黒煙が高い煙突から吐き出され、街を汚し、あらゆるものをすすで覆《おお》った。工場内では、男、女、そして子供が長時間——たいてい1日14時間——働いた。機械を動かし続けるために。彼らは奴隷ではなかったが、賃金は低く、労働環境は厳しく、多くの場合、危険だった。ちょっと気を抜けば、機械に巻き込まれて手や足を失い、ときには死ぬことさえあった。治療は最低限のものしか受けられない。だが、どうしようもなかった。働かなければ飢えることになる。工場を辞めても、次の仕事は見つからないかもしれない。こうした環境で働く人は長くは生きられず、自分のために生きていると思える瞬間などほとんどなかった。

その一方で、工場主は金持ちになった。彼らのおもな関心は金儲けだった。彼らは資本（さらに儲けるために利用できる金）を所有し、建物と機械を所有した。そのうえ労働者も所有したようなものだった。労働者はほとんど何ももっていなかった。ただ自分の労働力を売り、工場主を金持ちにすることしかできなかった。労働によって、工場主が購入した原料に価値を加えた。工場に届いた綿花は、価値のより大きなものになって工場から出荷された。だが、工場で加えられた価値の大部分は、製品販売時に工場主の懐《ふところ》に入った。工場主は労働者の賃金をできるだけ低く――たいがいは生かしておくのに必要な分だけに――抑えようとした。雇用は不安定だった。製造物の需要が減れば労働者はクビになり、ほかの仕事が見つからなければ、そのまま死ぬしかなかった。ドイツの哲学者**カール・マルクス**（1818～1883）が1830年代に執筆を始めた頃、産業革命によって、イギリスだけでなくヨーロッパ中にこうした残酷な環境がつくりだされた。マルクスはそれに憤《いきどお》った。

マルクスは平等主義者だ。人間は平等に扱われるべきだと考えた。しかし、資本主義体制下では、金――たいていは相続した財産――のある者がますます豊かになる。それに対し、労働力を売るほかない者は惨めな暮らしを送り、搾取された。マルクスにとって、人間の歴史はすべて階級闘争だった。つまり富める**資本家階級**（ブルジョアジー）と**労働者階級**（プロレタリアート）との**闘争**である。この関係のせいで人間は潜在能力を発揮できず、労働をやりがいのある活動ではなく、苦痛なものに変えてしまった。

マルクスは計り知れないほど精力的で揉め事ばかり起こすという評判があった。生涯の大半は貧しく、迫害を逃れてドイツからパリへ、それからブリュッセルへと移り、最終的にはロンドンに居を構えた。そこで

7人の子供と妻のイエニー、家政婦のヘレーネ・デムートと暮らし、ヘレーネとのあいだに婚外子をもうけた。友人の**フリードリヒ・エンゲルス**〔ドイツの思想家。マルクスと共に哲学や経済学などの変革に努めた。労働運動や共産主義運動への指導者的役割を果たした。マルクスとの共著も多い〕は、新聞に記事を書く仕事を世話し、マルクスが体裁を保てるよう婚外子の息子を養子にさえした。それでも、マルクス家に十分な金があることはめったになかった。家族は病気がちで、いつも腹を空かせ、凍えていた。悲惨なことに、子供のうち3人は、大人になる前に亡くなった。

晩年のマルクスは、ロンドンの大英博物館図書室へ徒歩でおもむき、研究と書き物をした。そうでないときは、ソーホーにある自宅の狭いアパートで妻に口述筆記をさせた。字がきれいに書けず、自分でも読めないときがあったからだ。こうした苦しい環境のなかで、多くの本や記事を書いた。全部で分厚い本50冊以上にもなる。マルクスの思想は何百万もの人々の人生を変えた。良いほうに変わった人もいるが、多くの人にとっては間違いなく悪いほうに変わった。当時、マルクスは風変わり、あるいは少し頭がおかしい人物だと思われていたにちがいない。彼がのちにどれほどの影響力をもつようになるかを予見できた人はほとんどいなかっただろう。

マルクスは労働者に共感していた。労働者は社会構造によって苦しめられた。人間らしい暮らしができなかった。工場主は、ほどなくして、製造工程を作業ごとに細分化すればより多くの製品がつくれると気づいた。そうすれば、労働者は流れ作業でそれぞれの役割だけをこなせばいい。だが、そのせいで労働者の人生はますますつまらないものになった。退屈な動作を何度も繰り返すだけ。製造工程の全体はわからず、食べるのがやっとの賃金しか得られない。労働者は創造的でいるどころか、疲れ果て、工場主をもっと金持ちにするためだけに存在する大きな機械の歯車に変えられてしまった。まるで人間ではなく、製造ラインを動かし続け、資本家がさらに利益を得るために、餌を与えられるただの胃袋のようだった。そこで搾取される利益が、マルクスのいう、労働者が生み出した剰余価値だ。

マルクスはこういったすべてが労働者に与えた影響を**疎外**と呼び、その言葉をいくつかの意味で使っている。労働者は真に人間であることから疎外された、あるいは遠ざけられた。みずからつくった製品からも疎外された。懸命に働くほど、そしてより多く製造するほど、儲かるのは資本家だ。まるで工場でつくりだした製品に復讐されているかのようだった。

だが、暮らしが惨めで、経済的な境遇から逃れられないとしても、労働者にはいくらかの希望があった。資本主義はいずれ終わる。マルクスはそう信じた。暴力革命によってプロレタリアートがブルジョワジーに取って代わるのだ。流血の革命からより良い世界が生まれ、その世界では人々はもう搾取されることなく、創造的で、協力的でいられる。1人ひとりが社会に貢献し、社会はその見返りに必要な物を与える。「個人の能力に応じて、個人の必要に応じて」というのがマルクスの構想だった。労働者は工場を管理して、誰もが必要なものを得られるようにする。飢える者、適当な服や住むところがない者がいない。そうした未来こそが**共産主義**である。協力によって恩恵を分かち合う世界だ。

マルクスは社会がいかに発展するかというみずからの研究により、この未来の到来が必然であることを明らかにしたと考えた。それは歴史に組み込まれている。だが、少し手を貸すのもいいかもしれない。そこでエンゲルスとの共著である**『共産党宣言』**（１８４８）で、資本主義を打倒するために団結しよう、と世界の労働者に呼びかけた。ジャン＝ジャック・ルソーの『社会契約論』（18章）の冒頭文に同調し、労働者には鎖以外に失うものはないと断言したのである。

マルクスの歴史観は、ヘーゲル（22章）の影響を受けている。すでに論じたように、ヘーゲルはすべてのものには規則性が内在すること、また、人間は自己意識に到達する世界へ徐々に前進しつつあることを述べた。マルクスは、進歩は必然であり、歴史は次から次へ何かが起こるのではなく、パターンをもって展開するというヘーゲルの考えを支持したが、進歩は内在する経済的要因によって起こると考えた。

マルクスとエンゲルスは、階級闘争がなくなり、誰も土地を所有せず、誰も遺産を相続せず、誰もが無料で教育を受けられ、公営の工場から必要なものを供給される世界が来ることを訴えた。宗教も道徳も必要ない。マルクスは宗教を「阿片のようだ」と断じている。宗教は、抑圧されているという真実に気づかないように人々を朦朧《もうろう》とさせる麻薬のごときものだ。革命後の新しい世界では、人間はようやく人間らしく生きることができる。労働に意味が生まれ、人々はみんなのためになるよう協力する。それを達成する方法は**革命**だ。つまり、暴力革命だ。闘いなくして金持ちがみずからの富を手放す見込みはなかったからだ。

マルクスは、過去の哲学者は世界について説明しただけだと考えていた。それに対し、自分は世界を変えたいと思った。だが、それまでにも道徳や政治の面で改革をもたらした哲学者は多かったので、この見方はやや公正を欠いている。それでもマルクスの思想は大きな影響力をもち、人から人へと広がって、1917年のロシアやそのほかの革命を引き起こした。残念ながら、ソビエト連邦（ロシアや近隣諸国が集まって生まれた巨大国家）も、マルクス主義者にならって20世紀に誕生した、ほかの共産主義国家も、ほとんどが圧政を敷き、効率性を欠き、腐敗することになった。国全体で生産工程をまとめるのは考えたよりもはるかに難しかったのだ。だが、そのせいでマルクスの思想に汚点がつくわけではない、とマルクス主義者は主張する。マルクスの社会観は基本的に正しかった、共産主義国家の指導者が共産主義に真に沿った国家運営をしなかっただけだ、といまでも信じる者もいる。また、人間は度を過ぎた競争をし、欲深くなるものだと指摘する者もいる。つまり、共産主義国家で人々が十分に助け合う可能性はないということだ。人間はそういうものではないのである。

マルクスが1883年に結核で亡くなったとき、彼がのちの歴史にどれだけの影響をもたらすようになるかを予見した人は少なかった。マルクスの思想はロンドンのハイゲート墓地に遺体とともに葬られてしまうかのように思えた。エンゲルスが墓の傍らで「彼の名は後世に残るだろう。そして彼の功績も」と弔辞を述べたが、単に夢想を語っているようにしか聞こえなかった。

マルクスのおもな関心は経済に関わるものだった。人がどうであるか、どのようになれるかはすべて、経済によって決まると考えたからだ。プラグマティズムの哲学者であるウィリアム・ジェームズは、思想の**「現金価値」**を、マルクスとはまったく異なる意味で示した。ジェームズにとって、それは思想がどのような行動につながるか、どのように世界を変えるかということだった。

Chapter 28

だから何？

1匹のリスが大きな木の幹にしがみついている。木の反対側から猟師が近づいてくる。猟師が左へ動けば、リスも左へとすばやく動く。猟師はリスを見つけようとし、リスは猟師の視界からかろうじて逃れる。これが何時間も続く。猟師はリスをちらりと見ることさえできない。この場合、猟師はリスの周りを回ったと言うのは真理だろうか。考えてみてほしい。猟師は、リスの周りを本当に回ったのだろうか。

「なぜそんなことを聞くのか」という答えも可能だろう。アメリカの哲学者であり心理学者でもある**ウィリアム・ジェームズ**（1842〜1910）も同じように思ったかもしれない。ジェームズは、友人たちが同じ例について議論をしているところに出くわした。友人たちはそれぞれ異なる意見を述べ、絶対的な真理が解明できるかのように話を続けた。猟師はリスの周りを回っていると言う者もいれば、そうではないと言う者もいた。ジェームズなら答えを出してくれるだろう、と友人たちは考えた。ジェームズは、**プラグマティズム哲学**にもとづいて答えを示した。

ジェームズは次のように言った。周りを回るというのが、まずリスの北から東へ、それから南へ、そして西へ動くことを意味するなら（これが「周りを回る」のひとつの意味なのだから）、「猟師はリスの周りを回っているというのは正しい」というのが答えになる。猟師はそういった意味では、確かにリスの周りを回っている。しかし、リスの正面にいた猟師が、リスの右に、それからリスの背後に、その後リスの左に動くことを意味するなら、（これが「周りを回る」のもうひとつの意味である）、「正しくない」というのが答えだ。リスはつねに猟師のほうに腹を向けているのだから、その意味では猟師はリスの周りを回っていない。両者は互いの姿が見えないまま動きながら、木をはさんで向かい合っているからだ。

この例の要点は、プラグマティズムとは実際の結果、すなわち思考の「**現金価値**《キャッシュバリュー》」を重視するということだ。答えに左右されないなら、どんな答えも重要ではなくなる。なぜ知りたいのか、実際にどういった違いが生じるのかだけが大事になる。ここには、質問に対する人間としての特別な関心や、「周りを回る」という動詞を異なる文脈において正確に使う方法以上の真理は存在しない。実質的に違いがなければ、真理などないのだ。真理は見つけてくれるのを「そこで」待っているわけではない。ジェームズにとって、真理とは役立つもの、生活に有益な影響力をもたらすものだった。

プラグマティズムは、19世紀終わりにアメリカでもてはやされた哲学的思想である。アメリカの哲学者であり科学者であった**C・S・パース**（1839〜1914）から始まった。パースは、哲学をより科学的にすることを望み、概念や認識が真理であるためには、その裏付けとなる実験や観察がなければならないと考えた。「ガラスは割れやすい」というときは、ハンマーで叩けばガラスが粉々に割れることを意味する。それにより「ガラスは割れやすい」というのが真理になる。ガラスをハンマーで叩いたときに起こる事実以外に、ガラスがもつ「割れやすい」という見えざる特性は存在しない。ハンマーで叩けば割れるという結果があるからこそ、「ガラスは割れやすい」というのが真理になるのだ。「ガラスは透明である」というのはガラスに隠された特性ではなく、ガラス越しにものを見ることができるため真理である。パースは、実質的な違いのない抽象論を嫌った。馬鹿げていると思った。真理とは理想的には、ありとあらゆる実験と調査を経てたどりつくものだ。これは32章のテーマであるA・J・エイヤーの論理実証主義に近い。

パースの著作は多くの人に読まれることはなかった。だが、ウィリアム・ジェームズの著作は読まれた。ジェームズはすぐれた書き手だった。小説家であり短編作家である弟のヘンリー・ジェームズに勝るとも劣らないほどだ。ハーバード大学の講師を務めていたときは、同僚のパースとプラグマティズムについて何時間も論じた。ジェームズはみずからの見解を発展させて、論文や講義で広めた。パースはプラグマティズムを次のように考えていた。すなわち、真理とは有益に働くものだということである。だが、「有益に働く」とはどういうことかは明確にしなかった。ジェームズは初期の心理学者だったが、科学だけでなく、善悪の問題や宗教にも興味をもった。実のところ、もっとも議論の的になった彼の著作は、宗教に関するものだった。
ジェームズは、真理について従来とは異なる考えをもっていた。伝統的な考え方では、真理は事実と一致する。世界がどうあるかを正確に述べれば、それは真理である。「ネコはマットの上にいる」という記述は、ネコが実際マットの上にいれば真理だが、そうでなければ（たとえばネコが庭でネズミを探していたら）真理ではない。それに対して、ジェームズの唱えるプラグマティズムの真理論では、「ネコはマットの上にいる」というのを信じることが実際に有益な結果を生むなら、それが真理となる。つまり、それが有益に働く。たとえば「ネコはマットの上にいる」と信じれば、ネコがいなくなるまでペットのハムスターをそこで遊ばせてはいけないとわかるという結果が生じる。

さて、「ネコはマットの上にいる」という例において、プラグマティズムの真理論によって生じる結果は、とくに驚くものでも重大なものでもない。では、「神は存在する」ならどうだろう。ジェームズならなんと言うだろうか。

神が存在するというのは真理だろうか。あなたならどう答えるだろうか。主な答えはこうだろう。「神が存在するというのは真理だ」「神が存在するというのは真理ではない」「神が存在するかどうかはわからない」。本章を読む前なら、おそらく答えはこのうちのどれかになっただろう。この3つの立場はそれぞれ有神論、無神論、不可知論と呼ばれる。「神が存在するというのは真理だ」と言う人は、絶対者である神がどこかに存在し、たとえ人間が現在も過去においても存在しなかったとしても「神が存在する」のは真理だと考える。「神は存在する」「神は存在しない」というのは、真か偽かのどちらかである。だが、真か偽かを決めるのは、わたしたちがどう考えるかではない。どう考えようと、真か偽かは決まっている。せめて正しい考えであるのを願うだけだ。

ところがジェームズは、異なる分析によって「神は存在する」を真理とした。それが有益な信念だから、真理だと考えた。神が存在すると信じることの利点を重視し、その結論に至ったのだ。そして、それがとても重要な問題だったため、**『宗教的経験の諸相』**（１９０２）を著し、信仰が及ぼすさまざまな影響を検証した。ジェームズにとって、「神は存在する」が真理であると述べるのは、信者にとってそう信じるのがともかく良いことだと言うにすぎない。これは驚くべき立場だ。12章で紹介したパスカルの主張（不可知論者は神が存在すると信じることで得をする）に似ているが、パスカルは「神が存在する」というのは、人間が神の存在を信じることで気が楽になるとか、より良い人間になれるとかの理由ではなく、神が本当に存在するからこそ真理だと考えた。パスカルの賭けは、彼の考えが真理であることを不可知論者に信じさせる方法にすぎなかった。一方、ジェームズにとっては、神の存在を信じることが有益に働くために、「神が存在する」というのが真理になる。

よりわかりやすくするために、「サンタクロースは存在する」について考えてみよう。これは真理だろうか。陽気で大きな赤ら顔の男が、毎年、クリスマスイブにプレゼントの袋を背負って、本当に煙突から降りてくるのだろうか。それが本当だと信じているなら、この段落の残りは読まないでほしい。だが、おそらく、存在したらいいなと思っていたとしても、サンタクロースはいないと思っているのではないだろうか。イギリスの哲学者バートランド・ラッセル（31章）は、ジェームズは「サンタクロースが存在する」ことを真理だと信じなければならないと言って、ジェームズのプラグマティズムの真理論を茶化した。なぜなら真理であるかどうかを決めるのは、信じる人が信じることによって受ける影響だけだとジェームズが考えているからだ。そして、少なくともたいていの子供にとって、サンタクロースの存在を信じるのはすばらしいことだ。そうすれば、クリスマスは特別な日になるし、子供たちは行儀良くするし、クリスマスを待つ気持ちになる。子供たちにとって有益に働く。信じることが有益に働くのだから、ジェームズの理論に従えば、サンタクロースが存在するというのは真理になるのだろう。問題は、真理であればいいと思うことと、実際に真理であることとの違いだ。サンタクロースの存在を信じるのは小さい子には有益に働くが、誰にとってもそういうわけではないことを指摘するのも可能だ。もしサンタクロースがクリスマスイブにプレゼントを届けてくれると親が信じれば、子供たちのためにプレゼントを買いには行かないだろう。クリスマスの朝になって、「サンタクロースは存在する」と信じることが有益には働かないのを知ることになる。それでは、「サンタクロースは存在する」というのは小さい子供にとっては真理だが、たいていの大人にとっては真理ではないということになるのだろうか。それは真理を主観的なもの、すなわち、実際に世界がどうあるかではなく、わたしたちがどう感じるかの問題にしてしまうのではないだろうか。

　もうひとつの例を考えてみよう。他者に精神があるのをどうしたら知ることができるだろうか。わたしは経験から、自分が内なる世界をもたないゾンビではないことをわかっている。思考や意志をもっている。しかし、周りの人々はどうだろうか。意識をもっているのだろうか。精神をもたず、ただ動いているだけのゾンビだということはないだろうか。これが哲学者を長年、悩ませてきた**他我問題**だ。答えをだすのは難しい。ジェームズは他者に自我があるというのは真理にちがいないと考えた。そうでなければ、他者から認められたいとか、褒められたいとかいう願望を満たすことができないからだ。これはおかしな主張である。彼のプラグマティズムは、実際、真理であるかどうかはまったく関係がなく、単なる願望のように思えてくる。だが、褒められた相手がロボットではなく自我をもつ存在であると信じるほうが心地良いからといって、他者が自我のある存在になるわけではない。他者に精神がない可能性もあるのだ。

20世紀にはアメリカの哲学者リチャード・ローティ（1931～2007）が、プラグマティズムの思想を継承した。ローティは、ジェームズ同様、言葉を実世界を映すシンボルではなく、使用する道具とみなした。つまり、言葉によって世界をなぞるのではなく、世界に対処するのだ。「真理とは時代によって許されたもの」であり、歴史上、いまほど現実をほぼ正しく理解できる時代はないと言った。世界について述べるのは、シェイクスピアの戯曲を解釈する文学評論のようなものだ。誰もが同意するような唯一の「正しい」読み方などない。時代が違い、人が違えば解釈も異なる。ローティはどんな時代にも正しいひとつの見方があるという考えを否定した。あるいは、少なくともそれが彼がやったことだとわたしは解釈する。猟師がリスの周りを回っているかどうかに「正しい」答えがないのと同じように、正しい解釈はないとローティは考えたのだろう。
ニーチェの著作に正しい解釈があるかどうかもまた、興味深い問いである。

Chapter
29
神は死んだ

「神は死んだ」これはドイツの哲学者**フリードリヒ・ニーチェ**（1844～1900）のもっとも有名な言葉だ。だが、そんなことがありうるだろうか。神は不死のはずだ。不死とは死なないこと、永遠に生きることだ。とはいえ、そこが重要だとも言える。神が死んだ、というのが奇妙に思えるのは、神が死なないとされているからだ。ニーチェは意図的にそう書いている。神が死なないという概念を利用した、気の利いた表現なのである。神はかつて生きていたが、いまはそうではないと言っているわけではない。神への信仰が道理に合わなくなったと言っているのだ。ニーチェの著書**『喜ばしき知恵』**（1882）では、男が手提げランプを手にあちこち神を探しても見つけられず、「神は死んだ」と言う。村人は、その男は頭がおかしいと思う。

ニーチェは非凡な人だった。24歳の若さでバーゼル大学の教授になり、学者としての将来が確約されたように見えた。しかし、この風変わりで独創的な思想家は、同調も適合もせず、自分の人生を好んでつらいものにしているかのようだった。結局、健康を損なったこともあり、1879年に大学を去って、執筆をしながらイタリア、フランス、スイスを旅した。彼の著書は当時はほとんど誰にも読まれなかったが、いまでは哲学としても、文学としてもよく知られている。のちに精神を病み、晩年の大半は精神病院で過ごした。

イマヌエル・カントが思想を整然と提示したのとは対照的に、ニーチェはさまざまな表現方法を用いた。著作の多くは短い断片的な段落と簡潔な一文の論評で、皮肉がきいたものも、真面目なものもあるが、大半は尊大で挑発的だ。ニーチェが怒鳴りつけてくるように感じられるものも、意味深長に囁《ささや》いているように感じられるものもある。たいていの場合、ニーチェは読者に共謀を求め、あなたとわたしは物事のありようを知っているが、ほかの愚かな人々は妄想に悩まされていると言っているかのようだ。ニーチェが繰り返し論じているテーマは、**道徳の未来**である。

神が死んだなら、次はどうなるのか。ニーチェはそう自問する。神が死に、道徳の基盤がなくなったというのがニーチェの答えだ。正邪や善悪の概念は、神がいる世界でこそ意味がある。神がいない世界では意味がない。神がいなければ、人間はいかに生きるべきか、何を重んじるかという明確な基準を失う。痛烈なメッセージだ。ニーチェと同時代の人々が聞きたがらないものだった。ニーチェはみずからを「背徳主義者」と呼んだ。意図的に悪事を働くのではなく、わたしたちはすべての道徳の枠を超えた向こう側、すなわち**善悪の彼岸**へ行くべきだと信じるからである。それが自著『**善悪の彼岸**』の書名となった。

ニーチェにとって、神の死は人間の新しい可能性を切り開くものだった。それは恐ろしいと同時にわくわくするものでもある。問題は、人間がどう生きるべきか、あるいはいかにあるべきかについての規範や安全網がないことだ。かつては宗教が道徳的行動の意味と範囲を決めたが、神がいなければ、何をしてもいいし、どんな制限もなくなる。一方、利点は、少なくともニーチェにとって、個人がそれぞれの価値観をつくりあげられることだった。独自の生き方を追求し、人生を芸術作品に仕立てあげることができる。

神がいないことを受け入れれば、キリスト教的な善悪の考え方にしがみついてはいられない、とニーチェは考えた。それは自己欺瞞である。憐れみ、親切心、他者の利益に対する配慮など、それまで継承されてきた価値観は問い直されるべきだ。そのためニーチェは、こうした価値観がそもそもどこからやってきたのかを考えた。

ニーチェによれば、弱い者や無力な者の世話をするというキリスト教の善行には、驚くべき起源があった。憐れみや親切心は間違いなく善行だと思うかもしれない。親切な行為を称え、わがままであることを軽蔑するように教えられてきたかもしれない。そうした考え方や感情には歴史がある、とニーチェは主張した。わたしたちの行動の概念を獲得した歴史、あるいは「系譜」を知れば、それを不変のものだとか、規範となるべき客観的な事実だとかは考えにくくなるというのである。

ニーチェは著書『**道徳の系譜**』において、古代ギリシャ時代の強く誇り高い英雄は、親切心や寛大さや悪事を働くことへの罪悪感よりも、戦闘における名誉、恥、勇敢さを重視していたことを説明した。ギリシャの詩人ホメロスが『オデュッセイア』や『イーリアス』で描いた世界である。英雄が活躍する世界では、奴隷や弱者は強者を妬《ねた》む。奴隷たちは強者に嫉妬や恨みを抱き、そうした負の感情から、一連の新しい価値観を生みだした。貴族の英雄的な価値観を覆し、力や権力を称えるのではなく、弱者への寛大さと心づかいを美徳としたのである。ニーチェが言うこの奴隷の道徳では、強者の行いが悪として扱われ、奴隷たちの感情が善とされた。

親切は善だという道徳規範が嫉妬心に端を発している、というのは挑戦的な考えだった。ニーチェは、弱者を哀れむキリスト教の道徳よりも、貴族の価値観や、強く好戦的な英雄を称えることを好んだのだ。キリスト教信仰とその道徳では、誰もが等しい価値のある存在として扱われる。ニーチェはそれが誤りだと考えた。ベートーベンやシェイクスピアのような芸術家は、大衆よりもすぐれている。嫉妬から生じたキリスト教の価値観は、人間性を抑圧していると訴えたかったのかもしれない。強者が栄光をつかみ、功績を残すためなら、弱者を犠牲にするという代償を払う価値がある、と。

『ツァラトゥストラかく語りき』（1883〜1892）では、「**超人**（Übermensch）」について語られている。これは未来の想像上の人物が伝統的な道徳規範に束縛されず、それを越えて新しい価値観を創出する物語だ。ニーチェはおそらくチャールズ・ダーウィンの進化論に影響されて、超人を人類の次の進化の段階と考えたのだろう。これは少し危険な見方でもある。自分自身を英雄と思い込み、他者の利益を考慮せずにやりたい放題の人を肯定するようでもあるからだ。さらに悪いことに、ナチスがニーチェの作品からその概念を取り上げ、自分たちが支配民族であるという歪んだ主張の裏付けとして利用した。もっとも大半の学者は、ナチスはニーチェが書いたものを曲解したと主張する。

ニーチェの作品は、不幸にも、彼が正気を失ってから、そして死後35年間、妹のエリーザベトの管理下に置かれた。エリーザベトは極端な愛国主義者で、反ユダヤ主義者でもあった。兄のノートを調べ、自分と意見が合う部分を拾い、ドイツを批判するものや自分の人種差別的な見解と異なるものをすべて省いた。そうして切り張りされたニーチェの思想が『**権力への意志**』として出版された。ニーチェの作品はナチスのプロパガンダに変貌し、ニーチェ自身は第三帝国（註：ナチスが使うナチス・ドイツを示す言葉）お墨付きの作家となった。だが、たとえ長生きしたとしても、ニーチェにはそれを避けることができなかったかもしれない。彼の著書には、強者が弱者を滅ぼす権利を擁護する箇所が確かに多いのだ。ニーチェは言う。子羊が猛禽類を嫌うのは当然のことに思えるだろう。だが、それは猛禽類が子羊をさらって貪《むさぼ》り食うのを蔑《さげす》むべきだということではない、と。

ニーチェは、理性を称えたイマヌエル・カントとは異なり、感情と不合理な力が人間の価値観を形成する役割を担うことをつねに強調した。ニーチェの考えは、無意識の欲望の本質と力を探ったジークムント・フロイトに影響を与えた。

Chapter
30
仮面をかぶった願望

自分自身を本当に知ることはできるのだろうか。古代の哲学者はできると信じた。だが、彼らが間違っていたとしたら？　心のなかには永久に鍵がかかった部屋のように、自分でも入れない場所があるとしたら？

外観は人の目を欺く。朝、太陽は地平線の向こうから昇ってくるように見える。昼間は空を横切って、夕方に沈む。それを見れば、太陽は地球の周りを回っていると考えたくなる。実際、何世紀ものあいだ、そう信じられてきた。しかし、そうではなかった。以前から疑問を抱く天文学者はいたものの、16世紀に**コペルニクス**が、太陽が地球の周りを回っているのではないことを明らかにした。コペルニクス革命である。地球は太陽系の中心ではないという考え方は、大きな衝撃をもたらした。

19世紀半ばに、チャールズ・ダーウィンが驚くべき主張をしたことはすでに説明した（25章）。それまで、人間は動物とは異なり、神によって創造されたと考えられていた。しかし、チャールズ・ダーウィンが提唱した自然淘汰の進化論では、人間の祖先は類人猿と同じであり、神が人間を創造したと考える必要がないことが示された。進化の過程には、誰の意志も存在しないのだという。ダーウィンは、人間が類人猿からどのように進化したか、また、人間がどれだけ類人猿と近いかを説明した。ダーウィン革命の影響はいまも残っている。

ジークムント・フロイト（1856〜1939）いわく、人間の思考の第3の革命は、彼自身によってもたらされた。それは**無意識**の発見である。フロイトは、わたしたちの行動の多くが、隠された願望によって起こると考えた。そうした願望を直接、知ることはできないが、その影響からは逃れられない。わたしたちには望んでいることに気づかないまま望んでいるものがあり、そうした無意識の欲求が、わたしたちの人生や社会の成り立ちに大きな影響を与えている。これが良くも悪くも人類の文明の根源になる。フリードリヒ・ニーチェの著作にも似たような考え方が示されているが、それはフロイトの説である。

オーストリアがまだオーストリア＝ハンガリー帝国の一部だった頃、神経学者であったフロイトは、ウィーンで精神科医として開業した。中産階級のユダヤ人の家庭に生まれ、十分な教育を受けて、地位を築いた彼のような若者が、19世紀末の世界都市ウィーンにはたくさんいたのである。フロイトは、若い患者を何人か診ているうちに、患者の行動を支配し、患者が気づいていない作用によって問題をつくりだす、ある精神的な部分に興味を抱くようになった。ヒステリーやノイローゼといった症状にも興味を示した。ヒステリー患者はほとんどが女性であり、しばしば眠ったまま歩き回り、幻覚症状に襲われた。麻痺を起こすことさえあった。原因はわからなかった。どの医師もこうした症状を起こす身体的原因を突き止めることができなかったのだ。だが、フロイトは、患者の症状と生い立ちを注意深く調べるうちに、問題の本当の原因は、心を乱す記憶や欲望といったものにあるのではないかと考えるようになった。そうした記憶や欲望は、無意識の、患者たちが気づいていないものではないかと思ったのである。

フロイトは、患者を診察用の長椅子に寝かせて、頭に浮かんだものをどんなことでも話させた。患者は思ったことを何でも口にできたので、それによって気分が良くなることがしばしばあった。この「**自由連想法**」は、無意識であったものを意識させることで、劇的な効果をもたらした。また、患者は夢についても詳しく語るように言われた。こうした「**談話療法**」は問題を引き起こしている考えを明らかにし、症状のいくつかを取り除くのに役立った。話をすることによって、患者はこれまで考えずに避けてきた問題の重荷から解放されたかのようだった。**精神分析療法**がこうして誕生した。

しかし、無意識の願望や記憶をもっているのは、ノイローゼやヒステリー症の患者だけではない。フロイトによると、誰もがそうらしい。そうすることによって、社会生活が可能になるのだという。わたしたちは本当の感情や欲望から目をそむける。なかには暴力的なものもあるし、性に関するものも多い。あまりに危険で、表に出すことができないため、理性がそれを抑圧し、無意識へと閉じ込める。多くは子供の頃に形成されたものだ。小さな頃の出来事が、大人になって現れてくることもある。たとえば、男性はみな父親を殺して母親と交わりたいという無意識の願望をもっている、とフロイトは主張する。これがよく知られた**エディプスコンプレックス**だ。父親を殺し、母親と結婚する（本人は知らなかった）という予言を現実にした、ギリシャ神話のオイディプス王にちなんでその名がついた。子供の頃のこうしたやっかいな欲望が意識されないまま、一生が形づくられてしまう人もいる。こうした欲望は、理性の一部によって、意識される形で表出しないよう抑制されている。だが、抑制された思いやほかの無意識の欲望は、完全に意識から閉め出されることがない。形を変えて、現れてくる。たとえば夢のなかに。

フロイトにとって、夢は「無意識につながる王道」、すなわち隠れた考えを見つけ出す最善の方法だった。夢で見たり、経験したりすることには、別の意味がある。表面上の内容とは異なる、本当の意味が裏に潜んでいる。精神分析医はそれを理解しようをするのだ。夢に出てくるのは象徴であり、無意識に隠された願望を表している。たとえば、蛇、傘、剣などは、男性器を表す「フロイトの象徴」としてよく知られている。同様に、夢に出てくる財布や洞窟は女性器を表す。それに驚く人に対して、フロイトはおそらく、性への関心を理性で押し隠している、と言うかもしれない。

無意識の願望を知るもうひとつの方法は、フロイト的失言、つまり言い間違いだ。知らないうちに抱いている願望がひょんなことで現れる。名前やフレーズにつかえたり、うっかり卑猥なことを言ってしまったりするテレビのニュースキャスターは多い。フロイト主義者なら、偶然にしては多すぎると思うことだろう。

無意識の願望すべてが性的、暴力的だと言うわけではない。深い葛藤を表すこともある。意識下では望んでいても、無意識の領域で望んでいない場合もあるのだ。たとえば、大学に入学するために受けなければならない大事な試験があるとしよう。意識下では全力で準備をするはずだ。過去問を解き、質問に対する答えをまとめ、試験会場に遅れずに着くように早めに目覚ましをセットする。準備万端。時間どおりに起き、朝食をとり、バスに乗る。会場には余裕をもって着けるだろうと思う。その途端、眠気に襲われる。目が覚めると、街の反対側の、試験会場とはまったく違うところに着いた。バスを乗り間違えたのだ。試験には間に合わない。試験に合格することへの恐怖が、意識して行ってきた努力を封じ込めた。心の奥底では、合格したくなかったのだ。認めるのは恐ろしいことかもしれないが、無意識が現れたのである。

　フロイトは、彼の理論をノイローゼの患者だけでなく、一般の文化的観念にも用いた。とくに、人はなぜ宗教に惹かれるかを、精神分析によって説明した。あなたは神を信じているかもしれない。おそらく、毎日の生活において神の存在を感じているだろう。だが、フロイトはそうした信仰が何に端を発するのかを述べた。あなたは、神が存在するから神を信じると思っているのかもしれないが、フロイトは、あなたが幼い子供の頃に感じたような保護を必要としているために神を信じている、と言う。そして、文明全体がこの幻想、すなわち守ってもらいたいという欲求を満たしてくれる強い父親のような人がどこかに存在するという幻想をもとに成り立っていると考えた。つまり、単なる希望なのだ。神の存在を求めるせいで、神が存在すると信じているにすぎない。幼い頃に芽生えた、保護してもらいたい、大事にしてもらいたいという無意識の欲望がもとにある。神という概念は、そうした子供の頃からの気持ちを引きずったままでいる大人の慰めなのである。ただ、それに気づかず、自分の信仰心が、神の存在によるものではなく、心の底にある満たされない欲求から生まれているという考えを抑え込んでいるのだ。

哲学的に見れば、フロイトの業績は、ルネ・デカルトなどの思想家が精神に関して主張した多くの仮説に疑問を投げかけた。デカルトは、精神そのものが透明であると信じ、心のなかで思うことは、認識されるはずだと考えた。しかし、フロイト以降、無意識の領域における精神活動の可能性が認められるようになった。

多くの哲学者がフロイトの説を受け入れたものの、異議を唱える者もいた。非科学的だという批判もあった。もっともよく知られているのはカール・ポパー（36章で詳しく論じる）だ。彼は、精神分析医の考えは「反証可能性がない」と言った。これは、褒め言葉でなく批判だ。ポパーにとって科学研究でもっとも重要なのは、実験や観察などで確かめられるということだ。つまり、それが間違っているなら、間違っているのを示すことができる観察を行う可能性がなければならない。ポパーが例として挙げたのは、子供を川に突き落とす行動も、溺れている子供を助けるために川に飛び込む行動も、ほかの人間の行動と同じように、フロイトの説明が当てはまるということだ。フロイトの理論では、子供を溺れさせることも、助けることも説明できてしまう。おそらく前者は、エディプスコンプレックスを抱え、そのせいで暴力的な行動に駆られた、また後者は、社会的に有益な行動をすることで、無意識の欲望を「昇華」させた、ということになるだろう。しかし、どんな観察をしてもすべてが理論を裏付ける証拠とされ、その理論が間違っているという証拠が存在する可能性がないなら、その理論は科学的とは言えない、とポパーは主張した。フロイトなら、それに対して、ポパーには精神分析医を攻撃したいという隠された欲求があると反論したことだろう。

バートランド・ラッセルは、フロイトとは思想が異なるものの、宗教は人間の不幸のおもな根源だとして、フロイトと同じように宗教を批判した。

Chapter
31

現在のフランス国王は禿げているか

バートランド・ラッセルが10代の頃、おもに関心を抱いていたのはセックス、宗教、数学だった。どれも理論上の興味だった。ラッセルはその長い人生（1970年に97歳で亡くなった）において、1番目について議論し、2番目を攻撃し、3番目に大きく貢献した。

セックスに関する見解は、ちょっとした問題になった。1929年に出版された『**ラッセル結婚論**』（岩波文庫）のなかで、キリスト教徒が配偶者への貞節を重視していることに疑問を呈したのだ。ラッセルは、貞節など無用だと考えた。これが一部の人を怒らせた。だが、ラッセルはあまり気にしなかった。1916年に第一次世界大戦に公然と反対したことで、6ヶ月間ブリクストン刑務所で過ごした経験があったからだ。晩年は、あらゆる大量破壊兵器に反対する世界的な活動団体である核軍縮キャンペーン（CND）の創設に尽力した。1960年代、この活動的な老人は、50年前の若い頃と同じように、反戦を唱え、集会の先頭に立っていた。「人間が戦争を根絶《こんぜつ》するか、戦争によって人間が根絶《ねだ》やしになるかのどちらかだ」と述べた。まだどちらも現実にはなっていない。

ラッセルは、宗教に関しても率直に、挑発的に発言した。神が人類を救いに現れる見込みはなく、救済の可能性は、理性を用いることにのみあると考えた。人間は死への恐怖から、宗教に引かれる。宗教は慰めだ。この世で好き勝手なことをしながら罰せられない人がいたとしても、神が存在し、そうした悪人を罰すると信じれば、心が慰められる。だが、それは真実ではない。神など存在しない。それどころか、宗教は、たいがい幸福よりも不幸をもたらす。仏教はほかの宗教とは違うようだが、キリスト教、イスラム教、ユダヤ教、ヒンズー教には負うべき責任が多くある、とラッセルは考えた。こうした宗教は、歴史上、戦争や、個人の苦悩と憎しみの原因となってきた。その結果、無数の人が亡くなった。

こうした主張からすると、平和主義者のはずのラッセルが、正当だと信じるもののために、立ち上がって戦う（少なくとも思想的に）心構えでいたのがよくわかる。とくに第二次世界大戦のような特殊な事態では、戦うことが最良の選択肢だとさえ考えていたのだ。

ラッセルは、イギリスの名門貴族の家に生まれた。第3代ラッセル伯爵というのが、彼の正式な肩書である。おそらく一目見れば、ラッセルが貴族であることがわかっただろう。自信たっぷりの顔つきで、にやりと笑い、目を光らせる。声からも、上流階級の一員であることがうかがえた。記録によると違う時代の人が話しているかのようだったという。実際に、ラッセルは１８７２年生まれで、ヴィクトリア時代の人だった。父方の祖父ジョン・ラッセル卿は、首相を務めたことがある。

バートランド・ラッセルの、信仰心とは無縁の「名づけ親」は哲学者のジョン・スチュアート・ミルだ（24章）。ミルは、ラッセルが幼い頃に亡くなったため、残念ながら２人が交流をもつことはなかった。しかし、ラッセルはミルから大きな影響を受けた。神を拒絶するようになったのは、『**ミル自伝**』（１８７３）を読んでからだ。それ以前は、第一原因論を信じていた。第一原因論は、トマス・アクィナスなどが用いた議論で、すべてのものには原因があり、すべての原因、すなわち原因と結果の連鎖の初めの原因となるものは神にちがいないという考え方だ。だが、ミルはそれに対してこう尋ねた。「神の原因となるものは何か」。ラッセルは、第一原因論の論理的な問題点に気づいたのである。原因のないものがひとつあるなら、「すべてのものには原因がある」というのが真実にならなくなる。原因のない存在があると信じるよりも、神にも原因があると考えるほうが、まだ理にかなっているとラッセルは感じた。

ミルと同じく、ラッセルもとくに幸せというわけではない、変わった子供時代を過ごした。両親はラッセルが幼いうちに亡くなり、面倒を見てくれた祖母は、厳しく、やや近寄りがたかった。ラッセルは、家で家庭教師について熱心に勉強し、優秀な数学者となって、ケンブリッジ大学で教鞭をとった。もっとも関心があったのは、数学が真実である理由だった。２＋２＝４はなぜ正しいのか。わたしたちはそれが正しいことを知っている。では、なぜ正しいのか。こうしてラッセルは、たちまち哲学に惹きつけられた。

哲学者として本当に興味があったのは、**論理学**だった。論理学は哲学と数学の境にある。論理学者は、論理の構造を学び、考え方を表現するのに、たいがい記号を使う。ラッセルは、**集合論**と呼ばれる数学と論理学の一分野に魅了された。集合論によってすべての論理の構造が説明できると思われたが、ラッセルは大きな欠陥を発見した。集合論は矛盾をはらんでいる。ラッセルは、それを彼自身の名がつけられた有名なパラドックスで示した。

ラッセルのパラドックスの例を紹介しよう。ある村に、自分でひげを剃《そ》らないすべての人（そして、そういう人だけ）のひげを剃る床屋がいるとする。わたしがその村に住んでいるとしたら、自分でひげを剃るだろう。毎日、床屋へ通うほどまめではないし、自分で上手に剃れる。しかも、わたしにはあまりに大きすぎる出費になりそうだ。だが、もし自分で剃らないと決めたとしたら、わたしのひげを剃るのはその床屋だ。ところで、床屋自身についてはどうだろうか。床屋は自分でひげを剃らない人のひげだけを剃ることになっている。この決まりに従うと、床屋は自分でひげを剃らない人のひげしか剃れないので、自分自身のひげを剃れない。これは厄介なことになりそうだ。この村では自分でひげを剃らない人のひげを剃るのは床屋だ。だが決まりによって、床屋は自分のひげを剃れない。床屋が自分のひげを剃れば、床屋は自分でひげを剃る人になるからだ。床屋は、自分でひげを剃らない人のひげしか剃れない。

これは明らかに矛盾をはらんだ状況だ。あることが、真であり偽でもある。それがパラドックスであり、ややこしい。ラッセルが気づいたのは、集合に自分自身が含まれるとこうしたパラドックスが生じるということだ。同じようなもうひとつのよく知られた例を挙げよう。「この文は間違っている」。これもパラドックスだ。もし「この文は間違っている」というのが言葉どおりなら（真であるなら）、その文は間違っている。だが、それはその文が正しいということだ。すなわち、その文は真であり偽であるということになる。だが、文が真でありながら、同時に偽であるはずがない。それは論理の基本だ。つまり、そこにパラドックスがある。

こうしたパラドックスは、それ自体が興味深い難問だ。不思議なことに、簡単には答えが見つからない。そして、ラッセルが考えていたよりもはるかに重要なものだった。世界の論理学者が集合論の基本としていたものが間違いだったことが明らかになったのである。論理学は振り出しに戻ってしまった。

ラッセルのもうひとつの大きな関心は、わたしたちが述べることが、どのように世のなかに関係するかということだった。ラッセルは、ある文章が何によって真あるいは偽となるのかを解明できれば、人類の知に大きな貢献ができると思った。そして、それについても、人間の思考の裏にある抽象的な疑問に興味を抱き、著作の多くにおいて、わたしたちが述べる文章の基礎となる論理的構造を説明した。言語は論理に比べて正確さに欠ける、とラッセルは考えた。わたしたちの日常言語を分解して、分析して、根本的な論理の形を明らかにすべきである。哲学のあらゆる分野の発展が、このような言葉の論理的分析にかかっている。それには、正確な語句に言い換えることも含まれる。

たとえば次の文を考えてみよう。「黄金でできた山は存在しない」。この文が真であることは誰もが認めるだろう。黄金でできた山は世界のどこにもないからだ。この文は、存在しないものについて述べていることになる。「黄金でできた山」という言葉は実在するものに言及しているようだが、そうではない。これが論理学者にとっては難問なのだ。存在しないものについて、はたして意味があることを述べられるのか。この文は無意味なのではないか。それに対して、オーストリアの論理学者アレクシウス・マイノングはこう答えている。わたしたちが意味をもって考えたり、話したりできるものはすべて存在する。それによると、黄金でできた山は存在することになる。ただし、それはマイノングが「**存立**」と名づけた特別な状態にある。そういう意味では、一角獣《ユニコーン》も、数字の27も「存立」する。

ラッセルは、マイノングのこうした考え方を正しいとは思えなかったようだ。確かに、奇妙な理論である。世界には、ある意味では存在し、ある意味では存在しないものがたくさんあることを意味するからだ。ラッセルは、わたしたちが述べる言葉が存在するものにどう関わるかを、より簡単に説明する方法を見つけた。それが「**記述理論**」として知られるものだ。やや風変わりだが、ラッセルお気に入りの記述を紹介しよう。「現在のフランス国王は禿げている」だ。ラッセルがこう記した20世紀初頭には、フランス国王は存在しなかった。フランスは、フランス革命のとき王政を廃した。では、ラッセルはこの文をどう解釈したのか。日常言語のほとんどの文と同じように、その文章は文字どおりではない、というのがラッセルの答えだ。

ところが問題がある。もし「現在のフランス国王は禿げている」という文が間違っていると言えば、禿げていないフランス国王が現在いると述べているようにも思える。だが、もちろん、そういう意味ではない。現在、フランスに国王がいないことはわかっているからだ。ラッセルはこう分析している。「現在のフランス国王は禿げている」のような文は、ある種の隠れた記述である。「現在のフランス国王」について述べるとき、わたしたちの考えの根本的な論理は、次のような形になっている。

a）現在のフランス国王というものが存在する
b）現在のフランス国王という唯一のものがある
c）現在のフランス国王というものは禿げている

ラッセルは、こうした複雑な説明をすることによって、現在、フランス国王が存在しないにもかかわらず、「現在のフランス国王は禿げている」という文が意味を成すことを示した。間違ってはいるが、意味を成すのである。マイノングとは異なり、現在のフランス国王について話したり、考えたりするために、それが存在（あるいは存立）していると想像する必要はなかった。ラッセルにとって「現在のフランス国王は禿げている」という文は、現在のフランスに国王は存在しないので間違いだ。この文は、国王の存在を示している。よって、この文は真ではなく偽である。「現在のフランス国王は禿げていない」という文も、同じ理由で偽である。

ラッセルは、哲学においてときに「**言語論的転回**」と呼ばれるものを始めた。哲学者が、言葉とその根本的な論理の形について懸命に考えるようになったのである。A・J・エイヤーもそうしたひとりだった。

Chapter
32

ブー！ フレー！

誰かが馬鹿げたことを言っているのがわかれば、便利ではないだろうか。もう欺《だま》されることもなくなるだろう。聞いたり、読んだりしたことが意味のあるものなのか、馬鹿げたことで時間を割くに値しないものなのかを区別できるようになる。**A・J・エイヤー**（1910～1989）は、その方法を見つけたと信じ、それを**検証原理**と呼んだ。

エイヤーは、1930年代初頭のオーストリアで、ウィーン学団と呼ばれるすぐれた科学者や哲学者の会合に何ヶ月か出席した。その後、オックスフォード大学に戻って講師を務め、24歳という若さで、哲学の歴史の大半はたわごとであり、無意味でほとんど価値がない、と断じる書を著した。それが1936年に出版された『**言語・真理・論理**』である。同書は**論理実証主義**という、科学が人間のもっとも偉大な業績だとする運動の一翼を担った。

カント、ショーペンハウアー、ヘーゲルが信奉した「形而上学」は、人間の感覚を超えたところにある実在に関する研究だ。だが、エイヤーにはとっては不快な言葉だった。形而上学はエイヤーの思想に反していた。エイヤーは論理や感覚を通して認知されるものだけに興味をもった。しかし、形而上学はそのどちらをも大きく越えて、科学的にも概念的にも調べることができない実在を描こうとした。エイヤーは、それは無意味で葬り去るべきだと考えた。

当然ながら、『言語・真理・論理』は怒りを買った。オックスフォード大学の年配哲学者の多くが同書を嫌ったために、エイヤーは教授職につけなかった。しかし、怒りを買うのは、ソクラテス以来、何千年にもわたって哲学者たちがやってきたことだ。それにしても、過去の哲学者を公然と批判するような本を著すとは勇敢である。

エイヤーは、意味のない文と意味のある文を次の方法で区別した。どんな文でもいいから、次の2つの質問をしてみるのだ。
(1) それは定義によって正しいか？
(2) それは経験的に検証できるか？

もしどちらでもないなら、その文は意味がないことになる。これは意味があることを確認するための、エイヤーの**二分岐テスト**だ。哲学者にとって役立つのは、定義によって正しいか、あるいは経験的に検証できる記述だけである。これについて少し説明しよう。定義によって正しいという例は、「ダチョウはすべて鳥だ」、「兄弟はみんな男だ」というものだ。これは、イマヌエル・カントの用語（19章）だと、「分析的」言明である。ダチョウが鳥だということを知るために調査をする必要はない。それがダチョウの定義の一部だからだ。兄弟については、女性の兄弟をもつことができないのはわかるだろう。ある時点で性が変わる場合は別だが。定義によって正しい記述は、暗黙の了解を明らかにするとも言えるだろう。

一方、経験的に検証できる記述（カントによる用語では「総合的」記述）からは、純粋な知識が得られる。ある記述が経験的に検証可能になるには、それが正しい、あるいは間違っていることを示す実験や観察がなければならない。たとえば「イルカはすべて魚を食べる」と誰かが言えば、イルカを何頭か手に入れ、魚を与えて、イルカが魚を食べるかどうかを確認する。魚を食べないイルカがいることがわかれば、その記述は間違いだということになる。だが、エイヤーにとっては、これは検証できる記述である。なぜなら、エイヤーは「検証可能」という言葉を、「検証可能」と「反証可能」という両方の意味で使っているからだ。経験的に検証可能な記述とは、事実の記述であり、世界のありさまを示している。記述を支持するにしろ、しないにしろ、観察をしなければならない。観察には科学が最善の方法となる。

記述が定義によって正しくなく、経験的に検証可能（あるいは反証可能）でなければ、その記述には意味がない、とエイヤーは言う。単純明快である。エイヤーの哲学のこの部分は、デイヴィット・ヒュームからの借用だ。ヒュームは、なかば本気で、このテストに合格しない哲学の著作は「詭弁と幻想」しか書いていないのだから、焼き捨てるべきだと言った。エイヤーは、ヒュームのこの考えを20世紀向けに修正したのである。

「哲学者の何人かには口ひげがある」という記述は、定義によって正しいとは言えない。哲学者の何人かに口ひげがあるというのは、哲学者の定義の一部ではないからだ。だが、証拠を得ることはできるから、経験的に検証可能と言える。哲学者を広く観察すればいい。口ひげがある哲学者がいれば（おそらくいるだろう）、この記述は正しいと結論づけられる。あるいは、何百人もの哲学者を観察して、ひげがある人がひとりもいなければ、哲学者すべてを調べたのではないものの、「哲学者の何人かには口ひげがある」という記述はおそらく正しくない、と結論づけることができる。いずれにしても、この記述には意味がある。

「わたしの部屋には、痕跡を残さない見えない天使がいっぱいいる」という記述と比べてみよう。これも定義によっては正しくない。それでは、経験的に検証可能だろうか。そうとは思えない。痕跡を残さないなら、見えない天使を見つける方法はないからだ。触ることも、匂いを感じることもできない。足跡も残さないし、音も出さない。よってこの記述は意味があるように思えても、馬鹿げている。文法上は正しい記述だが、この世界についての説明としては正しいわけでも、間違っているわけでもない。意味がないのだ。

これはわかりにくいかもしれない。「わたしの部屋には、痕跡を残さない、見えない天使がいっぱいいる」という記述には、意味があるように思えるからだ。詩的な響きがあり、小説には役立つかもしれないものの、人間の知識としては何の役にも立たない、というのがエイヤーの主張である。

エイヤーが批判したのは、形而上学だけではない。倫理学や宗教も標的とした。たとえば、エイヤーのもっとも挑戦的な結論のひとつに「**道徳的な判断はまったく馬鹿げている**」というのがある。これはとんでもない発言に思える。だが、道徳的記述にエイヤーの二分岐テストを行えば、次のようになる。もし「拷問は間違っている」というなら、それはエイヤーによると「拷問、反対《ブー》！」と言っているのに等しいことになる。記述が正しいか、間違っているかではなく、個人的な感情を表しているにすぎない。なぜなら、「拷問は間違っている」という記述は、定義によって正しくないからだ。また、事実であるのを証明することも、証明によって否定することもできない。正しいか、正しくないかを決めるテストはないのである。ただし、ジェレミー・ベンサムや、ジョン・スチュアート・ミルなどの功利論者は、結果としての幸福を測定しているので反論するかもしれない。

エイヤーの分析では、「拷問は間違っている」という記述は、正しいものでも、間違っているものでもないため、まったく意味がないとされる。「思いやりは良いことだ」と言うのは、どう感じているかを示しているだけだ。「思いやり、賛成《フレー》！」と言っているようなものである。「**情動主義**」と呼ばれるエイヤーの倫理論は、「ブー！／フレー！」説と言われる。何を選んでもいいのだからエイヤーは道徳など気にかけていない、と言う人もいる。しかし、エイヤーの主張はそういうことではない。エイヤーはこうした問題は、価値の面では意味がないと言っているのである。だが、わたしたちがどうするべきかという議論では、事実が語られていて、それが経験的に検証可能だと信じたのである。

『言語・真理・論理』の別の章で、エイヤーは、神について語るのは意味があるという考えを批判している。「神は存在する」という記述が、正しくもなく、間違ってもいないと主張し、まったく意味がないと述べた。なぜなら、定義によって正しくないからだ（だがアンセルムスなど存在論的証明を用いる者は、神は必然的に存在しなければならないと唱えた）。また、神が存在するのか、あるいは存在しないのかを証明するテストはない。エイヤーはデザイン論を認めなかった。だからエイヤーは、有神論者（神が存在すると信じる人）でもなく、無神論者（神が存在しないと信じる人）でもない。それどころか「神が存在する」というのも意味のない主張だと考えた。この立場を「**奇妙な有神論**」と呼ぶ人もいる。つまり、エイヤーは不誠実な神論者、つまり神が存在するとかしないとかいった議論はすべて馬鹿らしいと考えている特異な人々のひとりなのだ。

しかし、エイヤーは晩年、鮭の骨に息を詰まらせ、意識を失い、仮死状態に陥った。心臓が4分間停止した。この間、赤い光と2人の「宇宙の支配者」が語り合う光景をはっきりと見たという。その体験によって神の存在を信じるようになったということはまったくなかったが、死後も精神は存在し続けるのかについては疑問を抱くようになった。

エイヤーの論理立証主義は、残念ながら、みずから破綻のツールを提供した。理論そのものが、みずから主張するテストに合格できそうになかった。まず、この理論が定義によって正しいことが明らかではない。

次に、この理論を証明するか、あるいは反証するための観察ができない。すなわち、みずから提唱した基準によれば、馬鹿げたものだということになる。

いかに生きるべきかの答えを哲学に求める人にとっては、エイヤーの哲学はほとんど役に立たない。そうした人々にとって、多くの意味でより役立ちそうなのは、第二次大戦直後のヨーロッパで生まれた実存主義だろう。

Chapter 33

自由の苦悩

1945年まで時間を遡《さかのぼ》り、パリにあるレ・ドゥ・マゴ（「ふたりの賢者」）というカフェに行けば、ぎょろ目の小男が近くに座っていることだろう。パイプをふかしながらノートに何かを書きつけているその男は**ジャン＝ポール・サルトル**（1905〜1980）。もっとも有名な**実存主義**の哲学者だ。小説家、脚本家、伝記作家でもあった。生涯の大半はホテル暮らし。執筆はほとんどカフェで行っている。崇拝される人には見えないが、数年後にはそうなる。

サルトルは、美しく聡明な女性、**シモーヌ・ド・ボーヴォワール**（1908〜1986）と一緒のことが多かった。ふたりは大学で知り合い、長年、恋人同士だったものの、結婚も同棲もしなかった。それぞれほかに恋人をつくっても、ふたりの関係は長く続いた。それは「不可欠」な関係であり、ほかの相手は「偶発」

的」（つまり「不必要」）な関係とふたりは言うのだ。サルトルと同じように、ボーヴォワールも哲学者で、小説家だった。『**第二の性**』（１９４９）という、初期フェミニズムにとって重要な書を著した。

第二次世界大戦時の大半のあいだ、パリはナチス・ドイツに占領された。フランス国民の生活は苦しかった。レジスタンスに参加して、ドイツ軍と戦った者もいた。ナチスに協力し、自分が助かるために友人を裏切った者もいた。食料が不足していた。街で銃撃戦があった。人が姿を消し、二度と現れなかった。パリのユダヤ人は強制収容所に送られ、その多くが殺された。

連合国軍がドイツを破った、まさに再出発の時だった。戦争が終わったことも、過去を捨て去らなければならないと感じることも救いだった。どういう社会をつくるかを考えるべきだ。戦時中に起こった惨事のあとで、あらゆる人が「生きる意味とは何か」「神は存在するのか」「自分はつねに周りの期待に応えなければいけないのか」といった哲学者が問うような問いについて考えた。

サルトルはすでに、長編で難解な『**存在と無**』（１９４３）という本を書き上げ、戦時中に出版していた。中心となるテーマは**自由**だった。人間は自由である。これは妙なメッセージだ。フランスは占領下にあり、多くの人々が自国にいながら自分を囚人のように感じていたし、実際に囚人のようなものだったからだ。サルトルが意味したのは、たとえば小型ナイフとは異なり、人間は特定の目的のためにつくられたのではないということである。サルトルは人間をデザインしたと言われる神の存在を信じていなかったので、神が意図をもって人をつくったという考えを否定した。小型ナイフは切るためにデザインされている。切るということが本質で、それが小型ナイフを小型ナイフたらしめている。では、人間は何をするためにデザインされたのだろうか。人間には本質がない。人間は理由があって存在するのではない、とサルトルは考えた。人間であるために、あるべき特定のあり方はない。人間は何をするか、何になるかを選べる。誰もが自由だ。どんな生き方をするかを決められるのは自分しかいない。ほかの人に生き方を決めてもらうにしても、それもまたひとつの選択だ。ほかの人が期待するような人になるという選択なのだ。

もちろん、何かをする選択をしても、それが成功するとはかぎらない。成功しない原因は、自分ではどうしようもないことかもしれない。だが、それをやりたいと思ったこと、やろうとしたこと、実現できなかったことにどう応じるかは、自分自身の責任である。

自由は扱いが難しく、わたしたちの多くは自由から逃げ出してしまう。ひとつの方法は、自分はあまり自由ではないふりをすることだ。サルトルが正しければ、わたしたちに言いわけは許されない。自分の毎日の行動や、それをどう感じるかはすべて自分の責任だ。どんな感情を抱くかもである。いま悲しい思いをしている人も、サルトルによればそれは選択である。悲しまなければいけないのではない。悲しいなら、それはその人のせいだ。恐ろしいことだし、あまりにもつらくて直面できない人もいるだろう。サルトルは、わたしたちが「自由を宣告された」と言う。好むと好まざるにかかわらず、わたしたちはこの自由から逃れられない。

サルトルは、あるカフェの給仕係について書いている。この給仕係はまるで操り人形のように、型にはまった行動をする。一挙手一投足から、給仕係が給仕係という役割によって自分を定義しているのがわかる。まるでほかに選択肢がないかのように。トレーの持ち方も、テーブルのあいだを動くさまも、すべてがダンスのようだ。本人ではなく、給仕係という仕事によって振り付けられたかのようなダンスである。サルトルはこの給仕係を「**不誠実**」だと言う。不誠実とは、自由から逃げ出すことだ。自分自身に嘘をつき、それをほぼ信じている。つまり、自分の人生を自由に選ぶことができないと自分自身に嘘をついているのである。だが、サルトルは、好むと好まざるにかかわらず、自分の人生は選べると主張する。

終戦直後に行った「**実存主義はヒューマニズムだ**」という講義において、サルトルは人間の人生を苦悩に満ちたものだと述べた。その苦悩は、わたしたちには言いわけが許されず、自分の行動のすべてに責任があると認めることによって引き起こされる。だが、さらに耐えがたいのは、自分の生き方がほかの人が生きるべきひな形のようになってしまうからだ、とサルトルは言う。わたしが結婚すると告げれば、みんなも結婚すべきだとほのめかしていることになる。わたしが怠惰でいようと決めたら、それが人間の実存として誰もがすべきだとわたしが考えていることになる。人生において何を選択するかによって、わたしは人間がどうあるべきかを描き出しているのだ。それを真摯に行おうとすれば、責任は重大である。

サルトルは、選択の苦悩について、戦時中に、実際に助言を求めてやって来たひとりの学生の話によって説明した。その学生は、困難な選択をしなければならなかった。家に残って母親の世話をするか、家を出てフランスのレジスタンス活動へ参加し、ドイツ軍から国を守るために戦うか。若い学生にとって人生でもっとも難しい選択であり、どうすべきかわからないと言う。母親を置いて家を出れば、学生がそばにいないせいで母親は危険にさらされる。また、学生自身もレジスタンスの活動に加わる前に、ドイツ軍につかまるかもしれない。そうなれば、気高い行動をしたいと試みながらも、労力と命を無駄にすることになる。だが、家に残って母親のそばにいれば、自分の代わりにほかの人が戦わなければならない。学生はどうすべきか。あなたならどうするか。学生にどのような助言をするだろうか。

　サルトルの助言はややもどかしいものだった。サルトルはその学生に、あなたは自由だから自分で決めなさい、と言った。役立つ助言をしたとしても、それに従うかどうかは学生自身が決めなければならない。人間であることに伴う責任の重さから逃れる術はない。

「実存主義」は、サルトルの哲学にほかの人がつけた名だ。人間は、まず世界に自分が実存することを知り、それから自分の人生をどうするか決めなければならないという考え方である。そうでないこともありえた。人間が、小型ナイフのように特定の目的のためにデザインされる可能性もあったかもしれない。だが、そうではない、とサルトルは信じたのだ。サルトルいわく、**人間の実存は本質に先立つ**。だが、特定の目的でつくられたものは**本質が実存に先立つ**。

　シモーヌ・ド・ボーヴォワールは『第二の性』において実存主義の考え方にひねりを加え、女性は生まれつき女性なのではなく、女性になるのだと述べた。女性は、女性とはこうあるものという男性の考えを受け入れる傾向がある、という主張である。男性の求めに従うのはひとつの選択だ。しかし、女性は自由であり、自分がどうありたいかを自分で決められる。本質などなく、こうあるべきだと生来、決められているわけではない。

実存主義におけるもうひとつの重要なテーマは、**人間の実存の不条理**だ。わたしたちが選択をして意味をもたせるまで人生はまったく無意味である。それからまもなく死が訪れ、そうした意味も消え去ってしまう。これについてサルトルは、人間は「**無用の情熱**」であると述べた。人間の実存は無意味なのであり、わたしたちそれぞれが自分の選択によって意味をつくりだすしかない。小説家で哲学者の**アルベール・カミュ**（1913〜1960）もまた実存主義とつながりがあり、ギリシャ神話のシシュフォスを用いて、人間の不条理を説明した。神を欺いたシシュフォスに与えられた罰は、巨大な石を山の頂上まで転がして運び上げることだった。山頂に着くと石は転がり落ち、シシュフォスはふたたびふもとから石を運び上げなければならない。これを永遠に繰り返すのである。人生は、シシュフォスの労役のように虚しい。まったく無意味であり、すべてを説明する答えはない。不条理なのである。しかし、絶望すべきではないとカミュは考えた。自殺もいけない。むしろ、シシュフォスは幸せだと気づくべきだ。シシュフォスは、なぜ幸せなのだろうか。それは、たとえ無駄であっても巨大な石を運び上げることによって、シシュフォスの人生が生きる価値のあるものになるからだ。死ぬよりずっとましである。

実存主義はもてはやされ、多くの若者が、人間の実存の不条理について夜遅くまで議論した。小説、演劇、映画にも刺激を与えた。人々の生きる指針となり、決断時に適用できる哲学とされた。サルトル自身は年を重ねるにつれて政治により深く関わり、左寄りになった。また、マルクス主義の知見を自分の昔の思想と組み合わせようと骨を折った。１９４０年代にサルトルが唱えた実存主義は、自分自身のために選択をする個人に焦点を当てたものだった。だが、後年の作品では、わたしたちがより大きな集団の一員であることと、社会的かつ経済的な要因が人生で果たす役割について説明しようとした。だが、残念ながら、サルトルの著書はどんどん難解になっていった。もしかすると大半は、アンフェタミン〔アドレナリン受容体刺激薬。日本では覚醒剤に指定されている。当時のフランスでは合法で、サルトルは「コリドラン」というアンフェタミン混合薬を常用していた〕で気分が高揚しているときに書かれたせいかもしれない。

サルトルはおそらく20世紀でもっともよく知られた哲学者だろう。しかし、20世紀でもっとも重要な思想家は誰か、と哲学者に聞けば、多くがルートヴィヒ・ヴィトゲンシュタインと答えるだろう。

Chapter
34
言葉に惑わされる

1940年にケンブリッジで**ルートヴィヒ・ヴィトゲンシュタイン**（1889〜1951）が行った講義のどれかに参加すれば、目の前に立つのが並外れた人物であるのがすぐにわかっただろう。ヴィトゲンシュタインに会った人のほとんどは、彼を天才だと思った。バートランド・ラッセルはヴィトゲンシュタインを「激しやすく、深みがあり、強烈で、威圧的」と評した。ウィーン出身の小柄なヴィトゲンシュタインは鮮やかな青い目をもち、底知れない真剣さをまとい、行ったり来たりしながら学生に質問をしたかと思えば、立ち止まって何分間もじっと考え込んだ。誰もそれをさえぎろうとしなかった。ヴィトゲンシュタインは事前にメモを準備して講義をするのではなく、学生の前で問題について考え、一連の例を用いて何が重要なのかを引き出そうとした。学生には、哲学書を読んで時間を無駄にするな、と言った。そん

な本を真剣に読んでいる者は、部屋の遠くへそれを放り投げて、提起されている問題についてじっくり考えるべきだ、と。

ヴィトゲンシュタインの最初の著書**『論理哲学論考』**（１９２２）は番号を振った短い節で記されていて、哲学というよりも詩のように読める。おもなメッセージは、倫理と宗教におけるもっとも重要な問題は人知を越えたところにあり、それについて意味のある話ができないなら、沈黙しなければならないということである。

後期の作品の中心となるテーマは「言語の魔力」だ。言語は哲学者をあらゆる混乱へ導く、とヴィトゲンシュタインは信じた。哲学者は言語の虜《とりこ》になる。その混乱の多くをセラピストのように消し去るのが自分の役割だ、とヴィトゲンシュタインは考えた。ヴィトゲンシュタインが注意深く選んださまざまな例の論理をたどると、哲学的な疑問が解消されるという。とても重要に思えたものが、もはや問題ではなくなるのだ。

ヴィトゲンシュタインは、哲学的混乱のひとつの要因は、すべての言語が同じように機能するという想定、つまり言葉は単に物事を指すだけという考え方にあるとした。また、多くの「言語ゲーム」、すなわち言葉を用いて行うさまざまな活動があるのを読者に示したかった。言語に「本質」はなく、その用法のすべてを説明できる共通の特徴などひとつもないのである。

たとえば結婚式で親族に会えば、身体的特徴が似ているために、互いに血がつながっていることがわかるかもしれない。ヴィトゲンシュタインはそれを「家族的類似」と呼ぶ。あなたは、たとえば髪や目の色が同じなど、どこかが母親と似ているかもしれないし、背が高く痩せていて、それがあなたの祖父と似ているかもしれない。また妹とは髪の色と目の形が同じかもしれないが、妹は母親とは目の色が異なるかもしれない。全員が遺伝子上のつながりがあると一目でわかるような共通する特徴はないが、何人かはある特徴を、別の何人かはまた別の特徴を共有している。ヴィトゲンシュタインは、そうした部分的な類似点があることに興味を引かれた。そして、家族的類似に関するメタファーを用いて、言語の重要な働きについて説明した。

「ゲーム」という言葉について考えよう。ゲームと呼ばれるものにはいろいろある。チェスのようなボードゲーム、ブリッジやソリティアなどのカードゲーム、サッカーのようなスポーツなどだ。かくれんぼや、ごっこ遊びもそうだろう。どれも「ゲーム」という言葉で呼ぶために、すべてに共通のひとつの特徴、すなわち「ゲーム」という概念の「本質」があるように思われがちだ。だが、ヴィトゲンシュタインは、思い込みをやめて「よく観察するように」と読者を促す。ゲームにはすべて勝ち負けがあると思うかもしれないが、ソリティアはどうだろう。壁にボールを投げて跳ね返ったのをキャッチする遊びは？　どちらもゲームだが、敗者はいない。では、ルールがあるのがゲームの共通点だろうか。いや、ごっこ遊びにルールはなさそうだ。共通する特徴になりそうなものすべてに対して、ヴィトゲンシュタインは反例、つまり、その要素をもたないゲームを挙げる。すべてのゲームがひとつの共通点をもつと想定するのではなく、「ゲーム」という言葉を「**家族的類似の用語**」と捉えるべきだと、ヴィトゲンシュタインは考えた。

ヴィトゲンシュタインは言葉を一連の「言語ゲーム」として説明することによって、言葉がさまざまな意味で使われること、哲学者はすべての言葉が同じような働きをすると考えるせいで混乱していることに対して注意を促した。ハエにハエ取り瓶からどうやって出るかを教えるというのが、ヴィトゲンシュタインの哲学者としての目的だった。典型的な哲学者は、瓶に閉じ込められたハエのように、壁にあちこちぶつかりながら、あたふたしている。哲学的な問題を「解く」方法は、コルク栓を抜いてハエを出してやることだ。ヴィトゲンシュタインは、哲学者たちが間違った問いを立てている、または言葉に惑わされていると教えたかったのである。

聖アウグスティヌスがいかに言葉を覚えたかについて考えよう。著書『**告白**』によると、周囲の年上の人々がものを指しては、その名前を言ったらしい。リンゴがあると、誰かがそれを指して「リンゴ」と言う。アウグスティヌスは徐々に言葉の意味を理解し、自分の望みを周囲の人たちに伝えるために言葉を使えるようになった。ヴィトゲンシュタインはこれを、すべての言語にはある本質、つまりひとつの働きがあると思い込む人の事例と捉えた。ひとつの働きとは、ものを示すことだ。アウグスティヌスにとっては、それぞれの言葉にひとつの意味がある。ヴィトゲンシュタインは、言語をそのように捉えるのではなく、話す人の実生活と関連づけた一連の営みとして考えるよう提案した。言葉は、たとえばいつも特定の役割を果たすねじ回しではなく、多くのさまざまな道具が詰まった道具袋のようなものなのだ。

痛みを感じ、それについて話すときは、当然、感じている特定の感覚を表す言葉を使っていると思うかもしれない。だがヴィトゲンシュタインは、そうした感覚を表す言葉に対する見方を揺るがそうとする。感覚がないということではない。論理的には、使っている言葉が感覚を表すもののはずがないということだ。もし、誰もがカブトムシが入った箱をもっていても中身を誰にも見せないなら、互いに自分の「カブトムシ」のことを話せば、箱に何が入っているかはどうでもよいことになる。言葉は公のもので、意味をなしているかを確認する公の方法が必要だ。子供が自分の痛みを「表現する」ことを学ぶと、両親は子供に「痛い」など、さまざまなことを言わせる。ヴィトゲンシュタインいわく、「痛い」と言うのは、多くの面で、「あーー!」と自然に声を漏らすのに等しい。ヴィトゲンシュタインは「わたしは痛みを感じている」という言葉を、自分ひとりの感覚を表していると考えるべきではないとも言う。痛みなどの感覚が本当に自分だけのものなら、それを説明するには自分だけの特別な言葉が必要になるだろう。だが、ヴィトゲンシュタインは、その考え方は筋がとおらないとした。ヴィトゲンシュタインが挙げたもうひとつの例が、その理由を理解する手がかりになるだろう。

ある人が名前のついてない、ちくちくするような独特の感覚に襲われるたびに、記録をつけることにする。そのちくちくするような感覚がするたびに、手帳に「S」と記す。「S」はその人にとって、自分だけの私的言語だ。それが何を意味するのかを、ほかの人は知らない。これは可能なように思える。ある人がそうしているのを想像するのは簡単だ。だが、もう少し考えてみよう。その人は、ちくちくするのを感じたとき、それが本当に記録しようと決めた「S」であり、ほかの種類のちくちくという感覚ではない、とどうしたらわかるのだろうか。以前に「S」という感覚に襲われたという記憶以外には、照らし合わせて確かめることもできない。だが、それでは十分ではないだろう。その人が思い違いをしているかもしれないからだ。言葉を同じ意味で使っていることを示す信頼できる方法とは言えない。

ヴィトゲンシュタインはこの手帳の例を用いて、自分の経験を説明するときに使う言葉は、自分ひとりだけの経験を言葉に結びつけるだけではいけないということを示そうとした。公のものが必要なのだ。自分だけの私的言語をもつことはできない。その考えが正しければ、心とは鍵のかかった劇場のようなもので、ほかの誰も入れないという考えは誤解を招くものになる。ヴィトゲンシュタインにとって、感覚を表す私的言語という概念はまったく意味をなさない。ここが重要で、また、理解が難しいところでもある。ヴィトゲンシュタイン以前の哲学者の多くは、個人の心は公にされないものだと考えていたからである。

ヴィトゲンシュタインの一族はキリスト教徒だったが、ナチスの法の下ではユダヤ教徒とみなされた。ヴィトゲンシュタインは、第二次世界大戦のあいだの一時期、看護兵としてロンドンの病院で働いた。一族は、幸運にも、ウィーンから脱出できた。そうでなければ、アドルフ・アイヒマンの指示によって、死の強制収容所へ送られていたかもしれない。アイヒマンのホロコーストへの関与と、非人道的犯罪に関するその後の裁判は、ハンナ・アーレントが悪の本質に関して考察する際の主眼となった。

Chapter
35

疑問を抱かなかった人

ナチスのアドルフ・アイヒマンは、仕事熱心な役人だった。1942年に、ヨーロッパのユダヤ人をアウシュビッツなどポーランド内の強制収容所に送り込む任に就いた。これは、アドルフ・ヒトラーの「ユダヤ人問題の最終的解決」の一部だった。ドイツ軍が占領する土地に住むユダヤ人をすべて殺害するという計画である。この組織的殺害の政策は、アイヒマンの責任ではなかった。アイヒマンが発案したのではない。だが、アイヒマンはその政策を可能にした移送システムに深く関わった。

1930年代から、ナチスはユダヤ人の権利を剥奪《はくだつ》する法を導入した。ヒトラーは、ドイツにとって良くないことのほとんどがユダヤ人のせいだとして、ユダヤ人に報復したいという常軌を逸した考えを抱いた。ユダヤ人はその法律によって公立学校に通えなくなり、金銭や財産を奪われ、黄色い星を身につけさせられた。また、ゲットーに集まって住むことを強いられた。市内のそうした地区に押し込められ、そこから出るのを禁じられたのだ。食料は不足し、暮らしは厳しかった。やがて、ユダヤ人問題の最終的解決は、恐ろしい段階に入った。ヒトラーの決定により、ユダヤ人であるというだけで無数の人が殺されることになったのである。それを実行するには、各地のユダヤ人を大量に殺害できる場所へと送る手段が必要だった。強制収容所は、1日に何百人をも毒ガスで殺害して焼却する場所へと変わった。こうした収容所の多くがポーランドにあったため、ユダヤ人を死へと送り込む列車を、誰かが手配しなければならなかった。

アイヒマンがオフィスで書類をぱらぱらとめくり、重要な電話をかけることによって、無数の人が死んだ。腸チフスや飢えで命を落とした人もいれば、死ぬまで働かされた人もいたが、多くは毒ガスによって殺された。ナチスの独裁国家では、列車は時間どおりに運行された。アイヒマンらがそれを確実にしたのだ。彼らはとても効率的だったため、家畜運搬用車両はいつもいっぱいだった。積み込まれたのは男性、女性、子供であり、全員が死へ向かうための、長く、つらい移動を強いられた。たいていは水も食料も与えられず、厳しい暑さや寒さに苦しむこともあった。とくに年寄りや病人など、多くの人が移動のあいだに亡くなった。

衰弱し、恐怖に怯えながらも生き残った者は、目的地に着くと、裸にされてシャワールームに見せかけた部屋に入れられた。扉には鍵がかかっていた。そうした場所で、ユダヤ人はチクロンガスによって殺害された。遺体は焼かれ、所有品は奪われた。すぐに殺されなかった者のうち、屈強な者は、食料もほとんど与えられずに、非人道的な環境で働かされた。ナチスの親衛隊は、娯楽のために、そうした人々を殴ったり、銃で撃ったりすることさえあった。

アイヒマンは、この犯罪において重要な役割を果たした。それでも、第二次世界大戦が終わると、連合国から逃れて、なんとかアルゼンチンに入国した。数年間、そこで密かに暮らしたが、1960年、ブエノスアイレスまで追ってきたイスラエルの秘密警察モサドに捕まり、裁判のためにイスラエルに移送された。

アイヒマンは、邪悪な獣のような人物だったのだろうか。人の苦しみを面白がるサディストだったのだろうか。裁判が始まるまでは、ほとんどの人がそうだと思っていた。ホロコーストでこうした役割を果たすことができる理由がほかにあるだろうか。何年もの間、アイヒマンは、人を死へ送り込む効率の良い方法を探るのを仕事とした。そのような仕事をしながら、夜にぐっすり眠ることができるのは、怪物だけにちがいない。

哲学者で、アメリカに移住したドイツ系ユダヤ人の**ハンナ・アーレント**（1906〜1975）は、ニューヨーカー誌にアイヒマンの裁判の記事を書いた。アーレントは、ナチスの全体主義国家、すなわち自分で考える余地のほとんどなかった社会が生んだものを見たいと考えた。アイヒマンを理解し、なぜ、あのような恐ろしいことができたのかを知りたかった。

アイヒマンは、アーレントが知っていた初期のナチス党員とはまったく違った。アーレントは、ナチスから逃れてドイツからフランスへ行き、最終的にアメリカ国民になった。若い頃は、マールブルク大学で、哲学者の**マルティン・ハイデガー**から学んだ。アーレントが18歳、ハイデガーが既婚者だったが、短期間ではあるものの、ふたりは恋人同士だった。ハイデガーは『**存在と時間**』（1962）の執筆をしていた。哲学に大きく貢献したと考える人もいれば、わざと曖昧に書いているのだと言う人もいる、難解な本である。ハイデガーは、のちに熱心なナチス党員になり、反ユダヤ主義を支持した。友人で哲学者の**エトムント・フッサール**の名を、ユダヤ人であるという理由で、『存在と時間』の献辞のページから削除したほどだった。

だが、アーレントがエルサレムで見たのは、ハイデガーとはまったく違うナチの党員だった。アイヒマンは、自分がやっていることについて深く考えようとしない、どちらかというと普通の男性だった。アイヒマンが考えなかったせいで、悲惨なことが起こった。しかし、アイヒマンは、アーレントが想像していたような邪悪なサディストではなかった。どこにでもいるようで、同時に危険でもある、思考力の欠如した人物だった。もっともひどい形の人種差別が法律とされていたドイツにいたため、自分が行っていることが正しいと容易に信じ込むことができたのである。そうした環境から出世のチャンスを見出し、それをすかさずつかんだ。ヒトラーのユダヤ人問題の最終的解決は、アイヒマンにとっては、期待に応え、仕事ができることを示すチャンスだったのだ。想像するのは難しく、多くの批評家がアーレントは正しくないと考えているが、アーレントは、アイヒマンが義務を果たしていたと主張したとき、本気でそう思っているのだと感じた。

ナチス党員の一部とは異なり、アイヒマンは、ユダヤ人への強い憎しみに駆られていたわけではないようだった。ヒトラーのような敵意は抱いていなかった。「ハイル・ヒトラー」と言わなかったユダヤ人を、路上で楽しそうに暴行して殺害するナチス党員が大勢いたが、アイヒマンはそうではなかった。それでも、ナチスの方針を受け入れ、さらに悪いことに、無数の人を死に至らしめるのに手を貸した。自分に不利な証拠を聞いているときでさえ、間違ったことをしたと思っている様子はほとんどなかった。アイヒマンからすれば、いかなる法律も破っていないし、直接、誰かを殺したわけでもなく、そうするように指示をしたこともない。ただ、理にかなった行動をしたのだ。法を守るように育てられ、命令に従うように訓練された。しかも、周りの誰もが同じことをしていた。ほかの人からの命令に従うことによって、日常業務の結果には責任を感じなくなった。

アイヒマンは、ユダヤ人が貨物運搬用の車両に押し込まれるのを見たり、死の収容所を訪れたりする義務を負っていなかったため、そうしなかった。法廷では、血を見るのが怖くて医者になれなかったと語った。しかし、血が流れるかどうかはアイヒマンにかかっていたのだ。アイヒマンは、自分の行動や、それが現実の人にもたらす結果について、じっくり考えるのを妨げるような制度の産物だった。ほかの人の気持ちをまるで想像できなかったかのようだ。自分は無実だと信じ込み、それを裁判で訴え続けた。あるいは、法に従っただけだと述べるのが、身を守るには一番いいと考えたのだろうか。もしそうなら、アイヒマンはアーレントを欺いたことになる。

アーレントは、アイヒマンに見たものを表現するのに、「**悪の陳腐さ**」という言葉を使った。「陳腐」というのは、平凡で、退屈で、独創性に欠けるものだ。アイヒマンの悪は、悪魔の悪ではなく、役人の悪、管理者の悪であるという意味で、陳腐だとアーレントは主張した。アイヒマンは、このように、すべての行動にナチスの考え方の影響を受けた、平凡な人物だった。

アーレントは、哲学者として、周囲の出来事から発想を得た。肘掛椅子に座って抽象的な概念について考えたり、言葉の正確な意味について果てしなく議論したりして一生を送るような哲学者ではなかった。近現代史や実体験と結びついた哲学を追究した。著書**『エルサレムのアイヒマン――悪の陳腐さについての報告』**（1963）を、ひとりの男性を観察した結果と、その男性の言葉や正当性の主張をもとに執筆した。みずから見たことを土台に、全体主義国家における悪と、その考え方に抵抗しなかった人々への影響を、よりわかりやすく説明した。

アイヒマンは、当時の多くのナチス党員と同じく、他者の視点でものごとを見なかった。与えられた規則について質問する勇気をもたなかった。規則に従うための最良の方法を探すだけだった。想像力に欠けていた。アーレントは、アイヒマンのことを浅はかで愚かだと述べた。もっとも、それは見せかけだったかもしれない。アイヒマンが怪物だったとしたら、恐ろしいことだ。しかし、少なくとも怪物はめったにおらず、たいてい、簡単に見つけられる。より恐ろしいのは、アイヒマンがあまりに平凡に見えたという事実だろう。アイヒマンは、みずからの行為に疑問を抱かなかったことで、人類が知るもっとも残忍な行為に荷担した普通の男性だった。もし、ナチス・ドイツに生まれていなければ、悪人にはならなかったかもしれない。

環境が悪かったのだ。だが、それで罪が消えるわけではない。アイヒマンは、非倫理的な命令に従った。ナチスの命令に従うということは、ユダヤ人問題の最終的解決を支持するのと同じだ、とアーレントは考えた。アイヒマンにとっては列車の時刻表をつくっていただけなのかもしれないが、命令された行為に疑問を抱かなかったことで、また、そうした命令を実行したことで、大量殺人に手を染めた。裁判中、アイヒマンはイマヌエル・カントの義務論に従って行動しているとまで述べた。命令に従って、正しいことをしていたかのように主張したのだ。だが、尊敬と尊厳をもって他者に接することが道徳の基本であるというカントの考えを、まったく理解していなかった。

カール・ポパーは、ホロコーストと、アイヒマンが巧みに運行表を組んだ列車から幸運にも逃れたウィーンの識者だった。

Chapter 36

間違いから学ぶ

1666年、ある若い科学者が庭で腰をおろしていたとき、リンゴが地面に落ちた。科学者は不思議に思った。なぜリンゴは横や上に動かず、まっすぐ下に落ちるのだろうか。この科学者が**アイザック・ニュートン**である。ニュートンはこれをきっかけに、リンゴだけでなく惑星の動きまでも説明する重力の理論を考え出した。だが、その後どうなっただろうか。ニュートンは、すべての疑いをはねのけ、自分の理論が正しいことを証明できるような証拠を集めただろうか。**カール・ポパー**（1902〜1994）はそうではない、と述べた。

科学者は、わたしたちの多くと同じように、間違いから学ぶ。現実についてのある見方が誤りだとわかったとき、科学は進歩する。ポパーの観点はこのふたつの文章に表されている。これこそが、人間が世界の仕組みを知るもっとも可能性の高い手段だとポパーは考えたのだ。ポパーがそうした考えを示すまで、ほとんどの人が、科学者は世界のありようを直感で思いつき、その後、それが正しいことを示す証拠を集めるものだと思っていた。

ポパーによれば、科学者は自分の理論の誤りを証明しようとするのだという。理論をテストするには、その理論が反証される（あるいは偽であると示される）可能性があるかも確かめなければならない。大胆な推測を立て、それを一連の実験や観察によって覆《くつがえ》そうとするのが典型的なやり方だ。科学は創造的で、刺激的な活動だが、真実を証明するわけではない。誤った見解を除外して、願わくは、その過程で真実に近づこうとするのである。

ポパーは1902年にウィーンで生まれた。家族はキリスト教に改宗したユダヤ人だった。そのため1930年代にヒトラーが台頭したとき、ポパーはうまく国を出て、まずニュージーランドへ移り、その後イギリスに移って定住し、ロンドン・スクール・オブ・エコノミクスで職を得た。若い頃は科学、心理学、政治、音楽など幅広い分野へ関心を示したが、本当に好きなのは哲学だった。一生をかけて科学哲学と政治哲学の分野に重要な貢献をした。

ポパーが科学的手法について執筆を始めるまでは、科学者や哲学者の多くは、科学とはみずからの仮説を裏付ける証拠を探し出すものだと考えていた。すべてのハクチョウが白いと証明したければ、たくさんの白いハクチョウを観察する。観察したハクチョウがすべて白ければ「すべてのハクチョウは白い」という仮説が正しいとするのは筋がとおっているように思えた。「わたしが見たハクチョウはすべて白かった」から

「すべてのハクチョウは白い」という結論が導き出されるという論法だ。だが、観察しなかったハクチョウの1羽が黒いハクチョウだったとわかることもある。黒いハクチョウはオーストラリアにいるし、世界中の動物園にもいる。よって「すべてのハクチョウは白い」というのは、証拠によって論理的に導かれたものではない。ハクチョウを何千羽も見てすべてが白かったとしても、その言説はなお誤りであるかもしれない。すべてのハクチョウが白いと確実に証明するには、ハクチョウを1羽残らず見るしかない。1羽でも黒いハクチョウがいれば、「すべてのハクチョウは白い」というのは誤りだと立証されることになるだろう。

これは、デイヴィッド・ヒュームが18世紀に述べた**帰納**の問題のひとつだ。帰納法は**演繹法**と大きく違う。それが問題の根源である。演繹法は論証法のひとつで、**前提**（初めの仮定）**が真であれば結論も真**であるとする。たとえば、「すべての人間は必ず死ぬ」と「ソクラテスは人間だ」というふたつの前提から導かれる論理的な結論は「ソクラテスは必ず死ぬ」となる。「すべての人間は必ず死ぬ」と「ソクラテスは人間だ」を認めながらも、「ソクラテスは必ず死ぬ」というのが真であると認めなければ、自己矛盾になる。それは「ソクラテスは必ず死ぬが、決して死なない」と言うようなものだ。演繹法では結論が真であることが前提に含まれていて、論理はそれを引き出すだけだと考えてもいいかもしれない。

演繹法の例をもうひとつ見てみよう。

前提1　すべての魚にはエラがある。

前提2　ジョンは魚だ。
結論　だから、ジョンにはエラがある。

前提1と前提2が真でありながら、結論が偽とするのはつじつまが合わない。それは非論理的だ。

帰納法はこれとはまったく異なる。帰納法には通常、**観測結果の選定から包括的な結論に到達する**という立証が含まれる。4週間連続して毎週火曜日に雨が降ったことに気づけば、火曜日にはいつも雨が降るという結論に至るかもしれない。それが帰納法だ。雨が降らない火曜日が一度でもあれば、火曜日にはいつも雨が降るという主張は覆される。4週間連続して火曜日に雨が降ったというのは、全体のうちの数少ないサンプルにすぎない。だが、白いハクチョウのように、多くの観察によって結論を導き出したとしても、火曜日に雨が降らなかったり、白くないハクチョウが見つかったりすれば、その結論が覆される可能性が残る。それが**帰納の問題**と呼ばれるものだ。当てにならない帰納法を当てにするのを正当化するという問題である。

コップに入った水を飲むとき、その水に毒が入っていないとどうして思うのだろうか。それは、これまで飲んだコップの水に毒が入っていなかったからだ。だから、これから飲む水にも毒が入っていないと考える。わたしたちはこうした論法をつねに使っている。その論法をそこまで信じる妥当性はないように思えるが、パターンが本当にあるかないかにかかわらず、人間にはパターンがあると思い込む性質があるのだ。

多くの哲学者と同じように、科学が帰納法によって進歩すると考えるなら、帰納の問題に直面することになる。このような当てにならない論法の上に科学が成り立つだろうか。科学がいかに発展するかというポパーの考察は、この問題をうまく避けている。科学は帰納法に依存しない、とポパーは考えた。科学者はまず仮説を立てる。これは知識をもとにした、現実の本質に関する推測だ。たとえば「すべての気体は温めると膨張する」。これは単純な仮説だが、日常の科学として、この段階でかなりの独創性と想像力が必要だ。科学者はさまざまなことから着想を得る。たとえば化学者のアウグスト・ケクレは、よく知られているように、みずからの尾を噛むヘビの夢を見て、ベンゼン分子が六角形の環であるという仮説を思いついた。この仮説を誤りだと証明しようとする試みは、これまでまだ成功していない。

次に、科学者は仮説をテストする方法を探す。この例では、さまざまな種類の気体を集めて温めることだ。だが「テスト」とは、仮説を裏付ける証拠を見つけるという意味ではない。その仮説が反証の試みに耐えられるのを証明するという意味だ。もっとも良いのは、その仮説に合わない気体を見つけることだ。ハクチョウの例では、黒いハクチョウが1羽でもいれば、すべてのハクチョウは白いという結論が覆された。それと同様に、温めて膨張しない気体が一例でもあれば「すべての気体は温めると膨張する」という仮説は覆される。

仮説が反証されれば——すなわち、仮説が誤りだとわかれば——それは新しい知識となる。仮説が誤りだということがわかったのである。人類は学ぶことによって進歩する。温めると膨張する気体をたくさん観察しても、仮説に対する自信は少し増すかもしれないものの、知識は得られない。しかし、反例からは学ぶものがある。ポパーにとって、仮説の重要な特徴は反証可能性があるということだ。ポパーはこの考えを用いて、科学と、ポパーが「**疑似科学**」と呼ぶものの違いを説明した。科学的仮説とは、誤りを証明される可能性のあるものだ。その仮説が誤りだと示すのが可能だと考えられることである。わたしが「目に見えず、探知もできない妖精が、わたしにこの文章を書かせている」と言ったなら、わたしが言ったことが誤りであるのを示す観察は存在しない。妖精が目に見えず、なんの痕跡も残さないなら、妖精が存在するという主張が誤りだと示す方法はない。反証可能性がないので、わたしが言ったことは科学的な言明とは言えないのである。

ポパーは精神分析（30章）に関する多くの言説が、このように反証可能性がないと考えた。検証のしようがないのだ。たとえば、人はみんな無意識の欲求に動機づけられていると誰かが言っても、それを証明するテストが存在しない。無意識の欲求に動機づけられたというのを否定する人も含めて、あらゆる証拠が、精神分析が有効だという証拠にしか解釈されない、とポパーは言う。精神分析医はこう告げるだろう。「無意識を否定するのは、父親に対抗したいという強い無意識の欲求があることを示している」。だが、これが正しいかどうかをテストすることはできない。それが誤りだと示すことができる証拠がないからだ。よって、ポパーは、精神分析が科学でないことを論じた。科学のように知識をもたらすことができないからである。同様に、マルクス主義者の歴史観も批判した。どんな結果も、人類の歴史が階級闘争の歴史だとする考え方を裏付けるものとみなすことが可能だからである。すなわち、マルクス主義の歴史観は、反証可能性のない仮説にもとづいたものなのだ。

それに対して、光が太陽に引き寄せられるという**アルベルト・アインシュタイン**の理論には、反証可能性があった。よって、これは科学的な理論だ。1919年、皆既日食中の星ぼしの見かけの位置の観察によっても、その理論は反証されなかった。だが、反証される可能性はあった。通常、その星ぼしからの光は見えないのだが、皆既日食というまれな条件下で、科学者たちはその星ぼしの見かけの位置が、アインシュタインの理論で予測されたところにあるのを見ることができた。星ぼしがほかの位置にあるように見えたなら、光が重い天体に引き寄せられるというアインシュタインの理論が覆されるところだった。ポパーは、こうした観察によってアインシュタインの理論が正しいと証明されたとは考えなかった。だが、理論の検証可能性と、科学者がその誤りを示せなかったという事実は、アインシュタインの理論にとって有利に働いた。アインシュタインの立てた予測は誤りである可能性もあったが、誤りではなかったのだ。

科学者や哲学者の多くが、科学的手法に関するポパーの説明に感服した。たとえばノーベル生理学・医学賞を受賞したピーター・メダワーは「カール・ポパーは歴史上、比類のない偉大な科学哲学者だ」と述べた。科学者たちは、自分たちの仕事を独創的で想像力を要するものだとする説明がとくに気に入った。また、ポパーが、自分たちが実際どのように仕事に取り組んでいるかを理解しているとも感じた。哲学者たちは、ポパーが難題である帰納の問題をうまく逃れたやり方にも満足した。ところが、1962年に、アメリカの科学史家で物理学者の**トーマス・クーン**が『**科学革命の構造**』を著した。同書は科学の進歩について異なる説明をし、ポパーが間違っていることを示した。クーンは、ポパーが科学の歴史を充分に調べていないと考えた。もしそうしていたら、あるパターンに気づいたはずだ、と。

科学の世界では、通常はクーンの言う「**通常科学**」が進行している。科学者はその時代の科学者が共有する枠組み、すなわち「**パラダイム**」内で仕事をする。たとえば地球が太陽の周りを回っていることがわかる以前は、太陽が地球の周りを回るというのがパラダイムだった。天文学者はその枠組みのなかで研究を行い、枠組みに合わないように思えることについて説明しようとした。このパラダイム内で仕事をしているときに、コペルニクスのような科学者が、地球が太陽の周りを回るという着想を得ると、それは計算間違いではないかと思われる。クーンによれば、発見されるのを待っている事実などない。多かれ少なかれ、枠組みまたはパラダイムによって、人間の思考が固定化されているからだ。

ところが、クーンの言う「**パラダイムシフト**」が起こると事態は面白くなる。パラダイムシフトとは、理解が覆されることだ。既存のパラダイムに当てはまらないもの、たとえば、太陽が地球の周りを回るというパラダイム内ではつじつまが合わないことが観察されたときに起こりうる。だが、それでもなお、古い考え方を捨てるには時間がかかることもある。あるパラダイムのなかで仕事をしてきた科学者は、たいてい世界に対する別の見方を歓迎しない。最終的に彼らが新しいパラダイムに移れば、ふたたび通常科学の期間に入り、新しい枠組みのなかでの仕事が始まり、それが続く。地球が宇宙の中心だという考えが覆されたとき、そうしたことが起こった。太陽系についての考え方が変わると、太陽を回る惑星の軌道を知るために、通常科学にはやるべきことがたくさんあった。

当然ながら、ポパーは科学の歴史に対するこの説明に同意しなかった。とはいえ「通常科学」の概念は有用だと認めた。ポパーが時代遅れのパラダイムに固執する科学者に似ているのか、それともクーンよりも真実に近づいたのかは興味深い問題だ。

科学者が実際の実験を行い、哲学者はみずからの主張を説得力あるものにするために思考実験を考案する。哲学者のフィリッパ・フットとジュディス・ジャーヴィス・トムソンは、人間の道徳観の重要な特徴を明らかにするために、注意深く構築された思考実験を数多く考えだした。

Chapter
37

暴走列車と望まれないバイオリニスト

ある日、散歩に出かけたとき、5人の作業員に向かって猛スピードで線路を走ってくる列車を目にした。運転手は、心臓発作でも起こしたのか、意識がないようだ。何もしなければ、5人全員が死ぬ。列車に押しつぶされて。逃げる時間はない。だが、ひとつだけ望みがある。5人の作業員のすぐ前で線路が分かれていて、もう1本の線路には作業員が1人しかいない。あなたは転轍機《ポイント》のすぐそばにいるので、切り替えレバーを動かせば、5人に向かって進んでいる列車が進路を変え、1人だけを轢《ひ》くようにすることができる。この罪のない人を死に追いやるのは、正しいことだろうか。数の点から言えば、正しいように思える。1人を死なせてしまうが、5人が救われるのだ。幸福を最大化することになるにちがいない。これを正しいことだと思う人は多いだろう。実際にポイントを切り替え、その結果、誰かが亡くなるのを

目《ま》の当たりにするのはとてもつらいだろうが、何もせずに5倍の人命が失われるのを見るのはもっと苦しい。

これは、イギリスの哲学者**フィリッパ・フット**（1920〜2010）によって考案された**思考実験**である。フットは、線路上の5人を救うのは正しいとされながら、多くの命を救うために1人を犠牲にすることがなぜ受け入れられないのかに関心を抱いた。ある健康な人が病棟を訪れたとする。そこにはさまざまな臓器を切実に必要としている5人がいる。1人は心臓移植を受けなければ、確実に死ぬ。ほかの人は肝臓を、また別の人は腎臓を必要としている。健康な人を1人殺して切り刻み、臓器を健康でない人に与えるのは許されるだろうか。許されるはずがない。健康な人の命を奪い、その心臓、肺、肝臓、腎臓を取り出して、5人に移植することが容認されると考える人はいないだろう。しかし、1人を犠牲にして5人を救うのだ。暴走列車の例とどこが違うのだろうか。

思考実験は、特定の論点における、わたしたちの感情、あるいは哲学者が「**直観**」と呼ぶものを明らかにするために考えられた架空の状況である。哲学者は思考実験をよく用いる。問題となっているものにより集中できるからだ。ここで問われているのは、「1人を犠牲にして、より多くの人を救うことが許されるのはどういう場合か」である。暴走列車の例は、それを考えさせる。主要な要素を取り出し、わたしたちがそうした行動を間違いだと感じるかどうかを示そうとする。

暴走列車の例では、ポイントを切り替えるべきではないと言う人もいる。誰を死なせ、誰を生かすかを決めるのは、「神のように振る舞う」ことになるからだ。だが多くの人は、切り替えるべきだと考えるだろう。

では、それに関連する例を見てみよう。アメリカの哲学者**ジュディス・ジャーヴィス・トムソン**（1929〜）が、これに似た思考実験を考えた。その実験では、暴走列車は5人の不運な作業員に向かってまっすぐな線路を進んでいる。作業員たちは、あなたが何もしなければ、確実に死ぬ。あなたは跨線橋《こせんきょう》（線路を跨ぐ陸橋）の上にいて、隣には大男がいる。重そうなその男を跨線橋から突き落とせば、列車の速度を緩め、5人の作業員にぶつかる前に止められそうだ。あなたにはこの男を突き落とせるほどの力がある。さて、この男を突き落とすべきだろうか。

多くの人が、これはより難しい例だと感じるだろう。この例でも、線路が分岐していてポイントを切り替えられる例でも、あなたの行動が1人を死なせて5人を助けることになるが、それでも多くの人が「突き落とすべきではない」と答える傾向にある。実際、大きな男を突き落とすのは、殺人のようなものだ。とはいえ、どちらの例も結果は同じである。列車のポイントを切り替えるのが正しいなら、大きな男を列車の前に落とすのも正しいにちがいない。ここがややこしい。

もし、誰かを跨線橋から突き落とすという架空の状況を、身体的に難しいと感じたり、男を突き落とすという野蛮な行為を不快に思ったりするなら、跨線橋の上に仕掛けがあると考えればいい。ポイントを切り替えるという最初の例で使ったレバーのようなものによって、最小限の力で列車の通り道に男を落とすのだ。レバーを動かしさえすればいい。だが、それは列車のポイントを切り替えるのとは、道徳的に大きく異なると考える人が多い。なぜだろうか。

いわゆる**二重結果の原則**がひとつの説明になるだろう。二重結果の原則とは、たとえば危険にさらされ、軽く相手を殴るだけでは身を守れないときにかぎり、相手が死ぬほど強く殴っても許される場合がある、という考え方だ。良い意図をもって行ったこと（この場合は自分の身を守ること）が原因で起こる、予測可能な悪い結果は容認されるが、故意に人に危害を加えるのは許されない。自分を殺そうとしている人のところに赴いて、その人に毒を盛るのは正しくない。最初の例には、容認されうる意図がある。実行した結果、相手が死ぬというだけだ。ふたつ目の例では、相手を殺す意図があり、それは認められない。これで問題が解決したと言う人もいれば、この二重結果の原則が間違っていると考える人もいる。

こうした出来事は現実には起こりそうになく、日々の暮らしには無関係に思える。ある意味、そうだろう。実際の事態を想定しているわけではない。わたしたちの考えを明らかにするためにつくられた思考実験だ。しかし、現実の世界でも、似たような決断を迫られる状況が起こることもある。例を挙げよう。第二次世界大戦時、ナチスはロンドンのさまざまな場所を飛行爆弾で攻撃した。ドイツのスパイには二重スパイもいたので、イギリスは、爆弾が狙った場所よりもずっと北に落ちたという偽の情報をドイツに伝えることもできた。そうすれば、ドイツに狙いを変えさせ、人口の多いロンドンではなく、はるか南のケント州やサリー州を攻撃させることも可能だった。言い換えれば、殺される人々がより少なくなるような情報を与えることができたのだ。だが、イギリスは、神のような振る舞いはしなかった。

一方、人々が行動を決断した例もある。1987年にベルギーのゼーブルッヘで大事故が起こった。カーフェリーが沈み、多くの人が氷のように冷たい海から上がろうと必死になっていたとき、救出用の縄梯子を登っていた若い男性が、恐怖で凍りつき、動けなくなった。男性がその場に少なくとも10分は留まったため、ほかの人々は海から上がることができなかった。すぐに海から上がらなければ、溺れるか、凍死する。結局、ほかの人々は男性を梯子から引きずり下ろして、かろうじて助かった。若い男性は、海に落ちて溺死した。男性を梯子から引きずり下ろすのは、つらかったにちがいない。だが、このような極限の状況では、暴走列車のときのように、1人を犠牲にして大勢を救うことはおそらく正しいのだろう。

哲学者はいまでも列車の事例について議論を交わし、どのように解決するべきなのかを考えている。ジュディス・ジャーヴィス・トムソンは、また別の思考実験を考案した。それは、避妊していたのに妊娠した女性は、出産という道徳的な義務に従わなくてもよいことを示したものだ。その女性は、道義的に責められることなく、堕胎手術を受けられるはずだ。こうした状況で出産するのは、慈愛であり、義務ではない。従来、堕胎の道義性に関する議論は、胎児の立場によるものだった。トムソンの主張は、女性の立場に焦点を当てた点で重要だった。では、それを見ていこう。

腎臓に問題を抱えた有名なバイオリン奏者がいる。そのバイオリン奏者が助かるには、同じ珍しい血液型の人に血管をつなぐしかない。あなたは、バイオリン奏者と同じ血液型だ。ある朝、目が覚めると、寝ている間に医者がバイオリン奏者を自分の腎臓につなげていたことに気づいた。このような場合、チューブを抜けばバイオリン奏者が亡くなるとわかっていても、あなたには彼をつなげておく義務はない、とトムソンは言う。同じように、女性が避妊していたのに妊娠したのなら、お腹で育っている胎児は、女性の体を使う権利を自動的に得るわけではない、とトムソンは考える。胎児はバイオリン奏者のようなものだからだ。

トムソンがこの例を発表する前は、多くの人にとって重要な問題は「胎児は人か？」だった。彼らは、もし胎児が人だと示せるなら、堕胎はどのような場合にも倫理に反すると考えた。トムソンの思考実験は、胎児が人だとしても問題が解決しないことを示した。

もちろん、誰もがこの答えに同意するわけではないだろう。目が覚めたときに自分の腎臓がバイオリン奏者とつながっていたとしても、神のように振る舞うべきではないと考える人もいる。バイオリン音楽を好きでないなら、つらい人生になるかもしれない。だが、バイオリン奏者を助けないことを選んだとしても、死なせるのは間違っている。同じように、妊娠するつもりはなく、避妊もしていたからと言って、健全な胎児を意図的に死なせるべきではない、と多くの人が考える。よくできた思考実験は、こうした意見の相違の根底に何があるのかを明らかにするのである。

政治哲学者のジョン・ロールズも思考実験を利用し、正義の性質と社会をつくる最良の仕組みを研究した。

Chapter
38
無知による公平

あなたは金持ちかもしれない。大富豪かもしれない。しかし、ほとんどの人はそうではない。とても貧しく、飢えと病気に苦しみながら短い生涯を終える人もいる。それは、公平でもなければ、正しくもないように思えるし、実際に、公平でもなければ、正しくもない。世界に本当の正義があるなら、使い切れないほどの財産を所有する人がいる一方で、飢える子供がいるということはないだろう。病人も、申し分のない治療を受けられるはずだ。アフリカの貧しい人々が、アメリカやイギリスの貧しい人々よりもずっと困窮することもないだろう。西側諸国の金持ちが、何も悪くないのに不利な環境に生まれた人よりも、何千倍も裕福であることはないだろう。正義とは、人を公平に扱うことだ。わたしたちの周りには、良いことばかりの人生を送る人もいれば、悪いことをしたわけでもないのに、生き延びるための選択肢をほとん

ど与えられない人もいる。そういう人は、仕事も、住む街さえも選べない。このような不平等に、「人生は公平じゃないよ」とだけ言い、肩をすくめる人もいる。それはたいがい幸運な人だ。一方、社会をいかに良くするべきかを考え、より公平な社会へと変えようとする人もいる。

ハーバード大学の控えめで物静かな学者であった**ジョン・ロールズ**（1921〜2002）は、こうしたことに関する人々の考え方を変える本を著した。それは**『正義論』**（1971）で、ロールズが20年近く懸命に考えたことの成果である。まさに教授のために教授が書いた書であり、やや簡素で、学術的だ。しかし、こうした類のほかの本のように図書館で埃《ほこり》をかぶることにはならなかった。ベストセラーになったのである。それほど多くの人に読まれたのは、ある意味、驚くべきことだった。だが、中心となる考え方がとても興味深く、すぐに20世紀でもっとも影響力のある本のひとつとうたわれ、哲学者、法律家、政治家、そのほか大勢に読まれた。ロールズ自身も、そんなことになるとは夢にも思っていなかった。

ロールズは、第二次世界大戦に従軍し、1945年8月6日、広島に原爆が落とされたとき、太平洋上にいた。戦争体験に強い影響を受け、核兵器の使用は間違いだったと考えた。その時代を生き残った多くの人と同じように、より良い世界、より良い社会をつくりたいと思った。もっとも、ロールズは、政治的な運動や集会に参加するのではなく、思考や執筆をとおして変化を起こそうとした。『正義論』の執筆中にベトナム戦争が激化し、アメリカ全土で、反戦を訴える大規模な抗議集会が開かれた。平和的でないものもあった。それでもロールズは、目の前の問題に巻き込まれるのではなく、正義に関する抽象的で一般的な問題について書くことを選んだ。中心となる主張は、わたしたちはいかに共存するべきか、国家がわたしたちの暮らしにどのような影響をもたらすかについて明確に考えなければならないというものだった。生きることを耐えやすくするために、わたしたちは協力する必要がある。だが、どのように？

新たにより良い社会をつくらなければならないとしよう。考えたいのは「誰に何を与えるか」だろう。あなたが屋内プールのある大邸宅に住み、召使いを抱え、南の島にすぐにでも飛んでいけるよう待機しているプライベートジェットを所有しているなら、とても裕福な人（すごく忙しく働いているかもしれないが）と、とても貧しい人のいる世界を描くかもしれない。もしあなたが貧しい暮らしを送っているなら、おそらく、大富豪などいない社会を考えるだろう。すべての人がより平等な権利を有する社会だ。プライベートジェットをもつことはできなくても、不運な人はより良いチャンスを得られる。人間とはそういうものだ。気づいていても、いなくても、より好ましい世界を思うとき、自分自身の立場を念頭に置く傾向にある。こうした偏見やバイアスが政治的な思考をゆがめる。

ロールズは、誰にでもある自分本位なバイアスの力を弱める思考実験を思いつき、それを「**原初状態**」と名づけた。目的は単純だ。より良い社会の設計である。ただし、自分の立場を知らずに行う。自分が裕福か、貧乏か、障がいがあるか、見た目が良いか、男性か、女性か、醜いか、聡明かそうではないか、有能か、未熟か、どのような性的指向をもつかをわからないことにするのだ。ロールズは、こうした想像上の「**無知のベール**」越しであれば、自分がどうなるのか、どういう人物なのかがわからないため、より公正な方針を選ぶだろうと考えた。自分の立場を知らずに選ぶという単純な工夫から、正義論を発展させたのである。これは合理的な人でなら誰でも受け入れるだろうと、ロールズが考えたふたつの原則、すなわち**自由と平等の原則**にもとづいたものだ。

第一の原則は自由の原則だ。人はそれぞれ、信仰の自由、選挙権、表現の自由といった、奪われてはならない、さまざまな自由に対する権利を有するべきとするものだ。たとえ、こうした自由の一部を制限することで大多数の人の暮らしが改善されるとしても、自由はとても重要であり、何をおいても守られるべきだとロールズは考えた。すべての自由主義者と同じようにこうした基本的自由に高い価値を置き、誰もがそれを享受する権利をもち、誰にも奪われることがあってはならないと信じた。

第二の原則は格差の原則で、平等についてである。社会は、もっとも恵まれない人々に、より平等の富や機会を与えるようにしなければならない。人によって受け取る金額が違うという不平等が許されるのは、それによって直接、最悪な状況にいる人々を救うときにのみだ。銀行員がもっとも賃金の低い労働者の1万倍の給料を手にできるのは、それによって、もっとも賃金の低い労働者が、銀行員の稼ぎがもっと少なかったら得られなかったであろう直接の便益と金銭を得られるときだけである。もし、ロールズが責任者であれば、もっとも貧しい人が結果的により多くの金銭を手に入れられるのではないかぎり、巨額のボーナスをもらえる人はいなくなる。これが、自分が豊かになるのか貧しくなるのかがわからないときに、合理的な人が選ぶ世界だろうとロールズは考える。

ロールズ以前の哲学者や政治家が誰に何を与えるかを考えるとき、たいていは、富の総額の平均値が最大になる状況を前提に議論をした。それは、大富豪が少数と、ほどほどの金持ちがたくさんいて、貧しい人々がほとんどいないということでもあった。しかしロールズは、富の総額の平均値が低くなるとしても、大富豪がおらず、すべての人がより平等の富を与えられる状況のほうがいいと考えた。

だが、それは、とくに現実の世界で高い賃金を得ている人々にとって、容易に認められるものではなかった。影響力のあるアメリカの政治哲学者で、ロールズより政治的に右寄りだった**ロバート・ノージック**（1938〜2002）は、異論を唱えた。バスケットボールのすばらしい選手を見に訪れるファンは、チケット代の一部をその選手に与える自由をもつべきだ。そのように財産を使う権利がある。もし何百万もの人がその選手を見に訪れたら、その選手が何百万ドルも稼ぐことになるのは公正なことだ、とノージックは考えた。ロールズはそれには同意できなかった。バスケットボール選手が何百万ドルも稼いだ結果、もっとも貧しい人々がより裕福にならないなら、その選手の収入がそんなにも増えるのを許すべきではないと主張した。すぐれたアスリートであることや非常に聡明であることで、自動的により高い収入を得られる権利を与えられるわけではないと論じて、物議を醸したのである。運動能力や知力といったものは、運の問題だと信じていたからでもあった。運良く走るのが速かったり、野球がうまかったり、賢かったりしても、それはより多くを与えられる理由にはならない。運動能力や知力が高いのは、「宝くじ」に当たったようなものだ。多くの人がロールズに強く反発し、卓越した能力は報われるべきだと考えるが、ロールズは、何かに秀《ひい》でていることと、より多くの報いを受けることは、無条件に結びつくものではないと述べた。

では、無知のベールの背後で賭けに出ようとする人がいたらどうなるだろう。そういう人が、人生を宝くじのようなものだと捉え、社会にとても魅力的な地位をつくりたいと考えたらどうなるだろうか。おそらく賭け事の好きな人は、並外れた金持ちになれる可能性があるなら、たとえ貧乏になる危険があったとしてもチャンスに賭けるだろう。つまり、ロールズの述べる世界よりも、経済的に豊かになれる可能性が多くある世界を好むのではないだろうか。ロールズは、合理的な人がそうした賭けに出たがるとは思わなかった。その点を見誤っていたようだ。

20世紀のかなりの期間、哲学者は過去の偉大な思想家と距離を置いていた。ロールズの『正義論』は、アリストテレス、ホッブズ、ロック、ルソー、ヒューム、カントの本と並べる価値のある、20世紀には数少ない政治哲学の書の1冊だった。ロールズ本人は慎み深いため、そうとは認めなかったかもしれない。しかし、ロールズの考え方はマイケル・サンデル、トマス・ポッゲ、マーサ・ヌスバウム、ウィル・キムリッカなど、こんにち活躍している哲学者に影響を与えた。彼らは、哲学とは、わたしたちがどのように共に生きることができるか、生きるべきかについての深く難解な疑問に関わるものだと考える。前世代の哲学者とは異なり、答えを出そうとしたり、社会を変えようとしたりするのを恐れない。哲学が、どう生きるべきかをいかに議論するかではなく、いかに生きるべきかを変えるものだと信じている。

同じような考えをもつ哲学者のひとりに、ピーター・シンガーがいる。本書の最終章の主人公だ。だが、シンガーの思想を見る前に、日々、重要性を増している問いについて検討しよう。「コンピューターは考えることができるのか」である。

Chapter 39

コンピューターは思考できるか

あなたは部屋のなかで座っている。入口のドアには、郵便の差し込み口がある。ときどき、くねくねした図形のようなものを書いたカードが投げ入れられて、マットの上に落ちる。あなたは部屋のテーブルの上にある本でその図形を調べなければならない。その図形には対になる記号がある。図形を本で調べ、それと対になる記号を見つけて、部屋にある箱から同じ記号が書いてあるカードを取り出す。それを注意深く、郵便の差し込み口から差しだす。それだけだ。しばらくこれを繰り返すが、あなたには何が起こっているのかはわからない。

これは**中国語の部屋**という思考実験で、アメリカの哲学者**ジョン・サール**（1932〜）が考案した。コンピューターは考えているように見えても、実際には考えることができないことを示すための想像上の状況だ。この部屋で起こっていることを理解するために、まず**チューリング・テスト**について説明しよう。

アラン・チューリング（1912〜1954）は、ケンブリッジ大学のすぐれた数学者で、現代のコンピューターの発明に寄与した。第二次世界大戦中、チューリングがイギリスのブレッチリー・パークでつくった複雑な計算機は、ドイツ潜水艦の司令官が使っていた暗号「エニグマ」を解読した。連合国はこの機械によって、ドイツの通信を傍受し、ナチスの計画を知ったのだ。

チューリングは、将来、コンピューターが暗号解読以上のことを行い、真の知能をもつという考え方に関心を抱き、1950年にどんなコンピューターも合格しなければならないとするテストを提案した。これが人口知能のためのチューリング・テストで、チューリング自身は、当初、**イミテーション・ゲーム**と呼んだ。脳が興味深いのは冷めたおかゆのような稠度《ちょうど》〔半固形のものの硬さ、粘度〕だからではないという、チューリングの信念から生まれたものである。脳の機能は、頭部からはずされると震えるとか、灰色だとかいった事実以上に重要である。コンピューターは固く、電子部品からつくられるが、脳のやることの多くができる。

人間の知能を測るときは、頭部をひらいて神経組織がどうつながっているかを見るのではなく、質問にどう答えるかで決める。コンピューターの能力を測るときも、どのように組み立てられたのかではなく、外部証拠で決めるのが公平だろう。血液や神経、すなわち配線やトランジスタを見るのではなく、入力や出力を見るべきだ。チューリングは次のように提案した。試験者は部屋にいて、スクリーンに向かって会話を入力する。会話の相手がほかの人間なのか、あるいは、コンピューターなのかはわからない。相手が人間なのかコンピューターなのかが試験者にわからなければ、そのコンピューターはチューリング・テストに合格する。コンピューターがそのテストに合格したら、知能があると言ってもおかしくはないだろう。比喩的な意味ではなく、まるで人間のようだということだ。

サールの中国語の部屋の例――くねくねとした図のカードのシナリオ――は、コンピューターがチューリング・テストに合格したとしても、本当に何かを理解しているという証明にはならないことを示している。部屋のなかのあなたは郵便受けから図のようなものを書いたカードが差し入れられるたびに、ルールブックに従って、ほかの記号を書いたカードを郵便受けから差し出すことになっていたのを思いだしてほしい。あなたには意味のない仕事で、なぜそうしているのかもわかっていない。だが、自分で気がつかないうちに、中国語で答えているのだ。あなたが話せるのは英語だけで、中国語はまるでわからないとしても、中国語で質問を受け取り、その質問に対するもっともらしい答えを返した。あなたは、イミテーション・ゲームに勝ったのである。部屋の外にいる人は、出てきた答えを見て、あなたが中国語を理解すると思い込むだろう。つまり、チューリング・テストに合格したとしても、コンピューターに知能があるとは言えないことを示しているのである。部屋のなかのあなたは、どんな対話が行われているかがまったくわかっていないのだから。

コンピューターは中国語の部屋にいる人のようだ、とサールは考えた。知力があるのではなく、考えることもできない。設計者がつくったルールどおりに、記号をやりとりするだけだ。プロセスはソフトウェアに組み込まれている。理解しているのでもなく、知力をもっているのでもない。コンピューターが構文を与えられただけである。つまり、記号処理を正しい手順で行えるようルールを与えられているのだ。だが、意味は与えられていない。記号に意味を与えていないのである。人間の会話には意味があるし、思考はさまざまな方法で世界と関わっている。コンピューターは人間の思考をまねるだけの、オウムのようなものだ。オウムは会話をまねるが、自分が何を言っているかを理解しているわけではない。サールによると、コンピューターも同様に、理解をしないし、何かを考えることもない。構文から意味を得ることはないのである。

サールの思考実験を批判する人は、この実験が注目しているのは、部屋のなかにいる人がやりとりを理解しているかどうかという問題だけであり、それは間違いだと言う。部屋のなかの人は、システムの一部にすぎない。どんなやりとりが行われているかをその人が理解できないとしても、システム全体（部屋や記号表や記号も含めて）が理解しているかもしれない。こうした批判に対して、サールは思考実験に変更を加えた。部屋のなかの人が記号カードを扱うのではなく、規則を全部覚えた人が野原の真ん中で、正しいカードを返すという設定にした。その人は中国語で聞かれた質問に正しい答えを返すことができたとしても、個々の質問の意味が理解できないのは同じである。理解とは、単に正しく答えることではないからだ。

それでも、人間の知能はコンピューター・プログラムと同じようなものだと考える哲学者がいる。彼らは、コンピューターは思考能力をもち、実際に思考すると信じている。彼らが正しいなら、いずれ人間の知能をコンピューターに移すことも可能になるだろう。人間の知能がプログラムなら、たとえいまは脳細胞のねっとりした固まりのなかを流れているとしても、いつかは輝く大きなコンピューターのなかを流れるようになるかもしれない。もし、すぐれた知能をもつコンピューターの助けによって、人間の意識をつくりあげている無数の機能的な結合を解読できたら、死から免れられる日がくるかもしれない。コンピューターに転送されれば、身体が埋められたり、火葬されたりしたあとも、意識は働き続けることができる。それが良いかどうかはまた別の問題だ。しかし、もしサールが正しいのなら、転送された意識がいまと同じものであるかどうかはわからない。たとえ同じような反応を示したとしても。

チューリングは、60年以上も前の著作で、すでにコンピューターは思考ができることを確信していた。彼が正しければ、コンピューターがやがて哲学的な思考をするようになるかもしれない。だが、まずは、コンピューターによって人の意識が死後も生き続けられるようになるだろう。いつの日かコンピューターは、人間はいかに生きるべきか、実在の本質とは何かなど、哲学者たちが何千年ものあいだ考え続けてきた、根源的な問いについて興味深いことを語ってくれるかもしれない。しかし、それまでは、血の通った哲学者たちに、そうした問題について考えてもらうことになるだろう。その哲学者たちのなかで、もっとも影響力があり、もっとも議論の的になるのはピーター・シンガーだ。

Chapter
40
現代のアブ

あなたは庭にいて、そこには池があるのを知っている。ザブンという音と叫び声がする。小さな子供が池に落ち、溺れているのだと気づく。あなたはどうするだろうか。通り過ぎはしないだろう。友人と約束があり、立ち止まれば遅刻してしまうとしても、子供の命のほうが大事だ。池は浅いが、どろどろしている。お気に入りの靴がだめになるかもしれない。だが、それが助けにいかない理由になるとは、誰も思ってくれないだろう。人間としてやるべきことをやり、命を重んじるべきである。子供の命は靴よりもずっと大切だ。どんな高価な靴よりも。そう思わないのなら、怪物のように残忍な人にちがいない。もちろん、あなたは池に飛び込むだろう。一方、あなたはアフリカの子供ひとりが飢えや治療可能な熱帯病で死ぬのを防ぐことができるお金を持っている。それは、池で溺れている子供を助けるために台無しにしてもい

い、と覚悟する靴の値段ほどにもならないだろう。

もしこれまでアフリカの子供を助けてこなかったとしたら、それはなぜだろうか。わずかな額を適切な慈善団体に寄付すれば、少なくともひとりの命を救うことができる。子供の病気の多くは、比較的少額のワクチン代やほかの薬代があれば容易に防げるからだ。目の前で溺れている子供と同じように、アフリカで死にかけている子供を救おうとしないのはなぜだろうか。だが、それが普通なのだ。たいがいの人は、アフリカの子供も同じように救おうという気持ちにはならない。やや決まりが悪いとしても。

オーストラリアの哲学者、**ピーター・シンガー**（１９４６〜）は、目の前で溺れる子供とアフリカで飢えている子供とのあいだに大きな違いはない、と主張した。わたしたちが救える世界中の人々に、もっと関心をもつべきだ。何かしなければ、生きられたかもしれない子供が幼くして死んでしまう。これは推測ではない。事実だ。毎年、大勢の子供が貧困のせいで死んでいる。先進国の人々が冷蔵庫で腐らせてしまった食べ物を捨てる一方で、飢えて死ぬ子供がいるのだ。きれいな飲み水さえ得られない子供たちもいる。だから、不幸にも生まれた場所が悪かった人々を助けるために、わたしたちはさほど必要ではない贅沢のひとつやふたつを諦めるべきだ。こうした哲学に沿って生きるのは難しい。だが、わたしたちがすべきことを論じたシンガーの主張は間違ってはいないだろう。

あなたはこう考えるかもしれない。自分が慈善団体に寄付をしなくても、ほかの誰かがするだろう。だが、それではみんなが傍観者になって、必要なことはほかの誰かがやってくれると思ってしまうかもしれない。世界中であまりにも多くの人が極度の貧困のなかで暮らし、空腹を抱えたまま夜を過ごしている。少数の篤志家に任せるだけでは不十分なのだ。目の前で子供が溺れている場合は、ほかの誰かが子供を助けようとしているのかどうかがすぐにわかる。だが、遠くの国で苦しむ人の場合、わたしたちの行動の結果も、ほかの人の行動の結果もわかりにくい。それでも、何もしないのが一番の解決策ということにはならない。

あるいは、海外からの援助によって貧しい国の人々が金持ちに依存するようになり、みずから農作物を栽培したり、井戸を掘ったり、家を建てたりしようとしなくなるのではないかという懸念があるかもしれない。長い目で見れば、何もしなかったときよりも事態を悪くするかもしれない。確かに、海外からの支援に頼りきりになっている国もある。もっとも、それは慈善団体に寄付するのをやめるべきだということではなく、慈善団体がどのような支援をしているかを慎重に考えなければならないということだ。助ける努力をしなくていいということではない。基本的な医療支援をすれば、貧しい人々が海外からの援助なしでもやっていけるようになる可能性が高まる。飲み水を供給する井戸を掘る、あるいは衛生教育を施すなど、自立のための訓練に長けた慈善団体もある。ただ金を寄付するべきだというのではなく、世界でもっとも困窮した人々が自立するための力を与えてくれそうな慈善事業に寄付すべきだとシンガーは主張する。シンガーのメッセージははっきりしている。それは、わたしたちはほかの人の人生を大きく変えることができるし、そうすべきだということである。

シンガーは、いま生きている哲学者のうちもっともよく知られているひとりだ。それは、いくつかの社会通念に異議を唱えたせいでもある。シンガーの主張には、議論を巻き起こしたものがある。たとえば、多くの人は、人間の命の絶対的な尊厳を信じ、ほかの人間を殺すのはどんなときでも間違いだと考えている。だが、シンガーは違う。たとえば、植物状態に陥って回復の見込みがない人、すなわち、意識もなく、回復の可能性や未来への希望もなく、ただ体が生かされ続けているだけの人には、安らかな死、つまり安楽死を与えるべきかもしれないと論じた。そうした状態で生きることに意味はない、とシンガーは考える。喜びを感じることもできず、いかに生きるべきかを選択することもできないからだ。生き続けたいという強い望みもない。そもそも何も望むことができないのである。

そうした考え方のせいで、シンガーは一部の人々に嫌われた。安楽死を擁護したせいでナチス呼ばわりまでされた（シンガーの両親はナチスから逃れたウィーン出身のユダヤ人だったのだが）。そのように呼ばれたのは、ナチスが大勢の病人や心身に障がいをもつ人を、生きている価値がないとして殺したからである。だが、ナチスの政策を「安らかな死」や「安楽死」と呼ぶのは間違いだ。ナチスは、無用な苦しみを止めるためではなく、働く能力がない、あるいはアーリア人の血を汚すという理由で、ナチスが「不要」とした人々を抹殺したのだ。安らかな死ではなかった。一方、シンガーは当事者の生活の質を案じたのである。シンガーであれば、ナチスの方針を支持することはなかっただろう。それでも、シンガーの主張を、まるでナチスのようだと批判する者がいる。

シンガーはまず、動物の扱いに関する著書、とくに1975年に出版された『**動物の解放**』で有名になった。19世紀初頭に、ジェレミー・ベンサムも動物の苦痛について真剣に考える必要性を訴えている。それでも、1970年代にシンガーが最初にこのテーマについて執筆を始めたときには、そういう見方をする哲学者は少なかった。シンガーはベンサムやミル（21章と24章）と同じように、**帰結主義者**だ。つまり、最善の結果をもたらすのが最善の行動だと信じている。そして、最善の結果を得るために、動物を含めて関係する者すべてにとって最善の利益が何かを考慮するべきとする。ベンサムと同じようにシンガーも、大半の動物がもつ重要な特徴は、**苦痛を感じる能力**だと考えた。人間はときに動物よりも強い苦痛を経験する。人間には理性があり、何が自分に起こっているかを理解する能力を有するからだ。これもまた考慮する必要がある。

シンガーは動物の利益を軽んじる人を「**種差別主義者**」と呼んだ。これは人種差別主義者や性差別主義者と似たようなものである。人種差別主義者は、自分と同じ人種の人を大事にする。ほかの人種の人には、与えられるべき権利も与えない。たとえば白人の人種差別主義者は、より優秀な黒人が職を求めていても、白人を雇うかもしれない。それは明らかに不公平で間違っている。種差別主義者は、人種差別主義者に似ている。みずからの種の視点からしかものを見なかったり、みずからの種を優先したりする。人間であるわたしたちの多くは、人間のことだけしか考えない。だが、それは間違っている。動物にも苦痛はあるし、その苦痛は考慮されるべきだ。

動物を人間と同じように尊重するとは、すべての動物を人間とまったく同じように扱うという意味ではない。それはまったく理にかなわない。平手で馬の尻を叩いても、馬はさほど痛いと感じないだろう。馬の皮膚は厚いからだ。だが、人間の赤ん坊に同じことをしたら、赤ん坊はとても痛がる。一方、赤ん坊が叩かれたときに感じるのと同じような痛みを馬に感じさせるために馬を強く叩くのは、赤ん坊を叩くのと同じように倫理的に正しくない。もちろん、どちらもやめるべきである。

シンガーは、動物を食べなくても健康的に暮らすのは難しくないので、わたしたちはみな菜食主義者になるべきだと主張する。動物を利用した食料生産のほとんどが動物を苦しめているし、動物に大きな苦痛を与えている残酷な畜産者もいる。たとえば、鶏肉の大量生産者は、ニワトリを小さなケージに閉じ込める。体の向きを変えられないほどの狭い仕切りのなかで飼われているブタもいる。ウシを食肉解体する過程は、たいていの場合、ウシにとってきわめて悲惨で苦痛を伴うものだ。そんなことを続けるのが倫理的に正しいはずがない、とシンガーは主張した。だが、たとえもっと思いやりのあるものにしたとしても、畜産は不要だ。なぜなら、人間は肉を食べなくても生きていけるからだ。シンガーはそうした主張を実践できるよう、著書のひとつにレンズ豆を使ったダール〔剥いた小粒の豆を挽き割ったもの。また、それを煮込んだ南アジアの料理〕のレシピを掲載し、読者に肉の代わりとなるものを見つけるように勧めたほどだ。

人間のせいで苦しんでいるのは畜産動物だけではない。科学者は研究に動物を使う。ラットやモルモットのほかに、ネコ、イヌ、サル、さらにチンパンジーまでもが研究所にいて、多くが薬を投与されたり、電気ショックを与えられたりして、痛みや苦しみを感じている。シンガーは、倫理的に許容される研究かどうかを判断するための基準を考えた。それは、脳を損傷した人間に同じ実験をするつもりがあるかどうかである。そのつもりがないなら、同程度の意識水準にある動物に、そうした実験を行うのは正しくない、というのがシンガーの考えだ。これは厳しいテストである。この基準に合う実験はそう多くはないだろう。つまり、シンガーは動物実験に強く反対しているのだ。

シンガーが倫理問題に取り組む姿勢は、すべて**一貫性**の概念にもとづいている。一貫性とは、同じような事例は同じように扱うということだ。人間を傷つけてはいけない理由が、人間が苦痛を感じるからであれば、ほかの動物の苦痛も考えて行動するべきだという論理である。動物を傷つけることが人間を傷つけるよりも大きな苦痛をもたらすなら、どちらかを選ばなければならない場合は、人間を傷つけるほうがいい。

ソクラテスの先例にならうかのように、シンガーはリスクを負って、わたしたちがいかに生きるべきかを発言した。講演会が抗議を受けたこともあるし、殺害の脅迫にも遭った。それでもなお、哲学の最良の伝統を体現し、社会通念に絶えず挑み続けている。みずからの哲学に従って生き、ほかの人の意見に異を唱えるときは、公の場で議論を交わして周囲の人々の主張に挑んでいる。

もっとも重要なのは、シンガーが十分に調べた事実をもとに筋のとおった議論を組み立て、みずからの結論を裏付けていることだ。シンガーと意見を異にする人でも、哲学者としての彼の誠実さは理解できるだろう。結局のところ、哲学は議論によって発展する。立場が異なる人々が、論理や根拠をもとに意見を交わすことで前進するのだ。たとえば、動物に対する倫理観や、安楽死を道徳的に受け入れられるとする状況に関するシンガーの主張に賛成できないなら、シンガーの著書を読んでみるといい。あなた自身が本当は何を信じているのか、それが事実、論拠、原則にいかに裏付けられているかをじっくりと考えることができるかもしれない。

哲学は厄介な問いや困難な挑戦から始まる。ピーター・シンガーのように社会通念を疑い、批判も辞さないアブのような哲学者たちがいれば、これからもソクラテスの精神が哲学の未来を形づくっていくだろう。

お

か

き

く

け

こ

索　引

著者——**ナイジェル・ウォーバートン**（NIGEL WARBURTON）
イギリスの哲学者。フリーの哲学者で、毎週哲学に関するポッドキャストを配信し、統合的な哲学のウェブサイトも運営する他、英国立近現代美術館「テート・モダン」で、現代の芸術と哲学に関する人気のコースを教える。
哲学入門書の著者として非常に人気があり、邦訳に『哲学の基礎』（講談社）、『思考の道具箱——クリティカル・シンキング入門』（晃洋書房）、『「表現の自由」入門』（岩波書店）など多数ある。

訳者——**月沢 李歌子**（つきさわ・りかこ）
津田塾大学卒業。英国留学、外資系金融機関勤務を経て翻訳家。おもな訳書に『日常の疑問を経済学で考える』『成功する人は偶然を味方にする』（ともに日本経済新聞社）、著書に『夢をかなえる時間術』（すばる舎）がある。

若い読者のための哲学史

2018年4月30日　第1刷発行
2024年8月14日　第5刷発行

著　者——ナイジェル・ウォーバートン
訳　者——月沢 李歌子
発行者——徳留 慶太郎
発行所——株式会社すばる舎
〒170-0013 東京都豊島区東池袋 3-9-7 東池袋織本ビル
TEL　03-3981-8651（代表）
03-3981-0767（営業部直通）
FAX　03-3981-8638
URL　https://www.subarusya.jp/
振替　00140-7-116563

印　刷——シナノ印刷株式会社

落丁・乱丁本はお取り替えいたします

ISBN978-4-7991-0685-3